박희진 전집

2

중기시집

서울의 하늘 아래 1979 | 가슴속의 시냇물 1982 | 아이오와에서 꿈에 1985 |
라일락 속의 戀人들 1985 | 詩人아 너는 先知者 되라 1985

시와 진실

시낭독 모습 (공간사랑에서 49세 때)

머 리 말

　시전집 중 제2권인 「중기시집」 출간에 즈음하여 독자 여러분께 알려드려야 할 또는 양해를 얻어야 할 몇 가지를 간략하게 이 자리에 적어 둔다.

　① 민요시집 「서울의 하늘 아래」(1979)는 그 주제내용의 분류에 따라 5부로 구성되어 있다. 1부는 시사풍(時事風)이라고 하여 당시의 암울했던 시대적 사회적 세태를 개탄, 야유, 고발, 풍자한 시편으로 모두 9편이었다. 그것이 불행히도 타율에 의해, 서슬 시퍼렇던 전두환 정권 때라 당국자의 사전 검열에 걸려 6편이 삭제되는 비운을 겪었다.
　그 6편의 제목을 적어보면, 「서울의 하늘 아래」, 「수요(數謠)」 「만원쯤 슬쩍할 땐」, 「망년가(望年歌)」, 「왕년의 총독부를 헐어내자」, 「어느 실업자의 수요」 이렇게 된다.
　그 뒤 1985년 「시인아 너는 선지자 되라」를 출간하였을 때 나는 그 삭제되었던 시편을 몽땅 새 시집에 수록할 수 있었으니, 때늦게나마 수습된 셈이지만 독자 여러분의 참고를 위해 그동안의 경위를 밝혀 두는 바이다.

　② 시집 「아이오와에서 꿈에」(1985)는 제1부 근작시편, 제2

부 인도시편, 제3부 한 방울의 만남으로 이루어져 있으며 도합 63편이 실려 있다.

그중 제2부 인도시편(14편)과 제3부 한 방울의 만남(26편)은 전편이 다 기행시여서 「박희진 세계기행시집」(2001)에 포함시켰기에 「중기시집」에선 빼기로 하였다. 그리하여 부득이 시집의 부피는 절반 이상 줄었고, 시집의 체제도 제1부 근작시편과 제2부 아이오와 시편으로 재편성하였다. 제3부 한 방울의 만남 중 아이오와 시편만을 굳이 남겨 둔 것은, 만약 그것마저 빼기로 한다면 본래의 시집 이름 「아이오와에서 꿈에」가 아예 날아가고 말 것이기 때문이다.

③ 「시인아 너는 선지자 되라」(1985)에서 장시 「혼돈과 창조」를 제외했다. 본래 이 장시는 제2시집 「청동시대」에 실렸던 것으로 이미 「초기시집」에 「청동시대」 전체가 수록되어 있는 만큼 중복을 피하기 위해서였다.

④ 「라일락 속의 연인들」(1985)은 한마디로 연애시집이다. '사랑'이라는 단일 주제에 비추어서 수록될 만한 모든 시를 모아 본 것이다. 이미 출간된 6권 시집에서 뽑은 56편에다 미수록 시 17편을 더하여서 도합 73편의 시집이 된 것이다. 이런 시집이 나오게 된 근본 의도와 성격을 살리자면 중복 불가의 원칙은 적용될 수 없다고 판단했다. 이 점 독자의 혜량을 바란다.

⑤ 「서울의 하늘 아래」(1979) 다음에 내가 내었던 시집은 「사행시 백삼십사편」(1982)이다. 따라서 그것은 「중기시집」에 포함돼야 하겠지만, 제외될 수밖에 없는 사연이 있다. 돌이켜 보건대 사행시는 내가 거의 평생을 두고 집착해 온 시형이다. 1991년 「사행시 삼백수」를 낸 것만 보아도 짐작되는 일이리라. 그 뒤 나는 「사행시 사백수」(2002)를 내었으니, 그 이전의 사행시집 2권은 자동적으로 사백수 안에 흡수되고 만 것이다. 「사행시 사백수」는 전집 중 제7권으로 편입될 예정이다.

나는 요즘도 마음이 끌리면 사행시 쓰기를 쉬지 않고 있다.

2005년 여름에 好日堂에서
水然 朴喜璡

박희진 전집 ② 중기시집
차 례

머리말 / 3

서울의 하늘 아래 (1979) / 9

가슴속의 시냇물 (1982) / 111

아이오와에서 꿈에 (1985) / 261

라일락 속의 戀人들 (1985) / 349

詩人아 너는 先知者 되라 (1985) / 483

해설 · 趙煥秀 / 640

서울의 하늘 아래 · 1979

시인은 말한다
－민중의 시심－

한동안 나는 민요에 골몰해 있었다. 햇수로는 그럭저럭 5년(1965~9)을 헤아리나 주로 67년과 68년 두 해에 집중적인 수확이 있었으니 이곳에 선보인 48편 중 38편이 그 무렵의 소산이다.

오늘날 한국은 시를 우대하는 나라라 할 수 있다. 시 전문지나 문예지는 말할 것도 없거니와 일반 교양 잡지 내지 신문에 이르기까지 꼭 시를 게재하는 미덕을 잊지 않고 있으니 말이다. 그 중 어떤 신문은 시를 매일같이 그것도 일면인 정치란에 싣고 있다. 시인들에겐 매우 고무적인 사실이라 할것이다.

하지만 시는 아직도 민중과는 거리가 멀다. 그들은 시를 뭔지 모를 소리, 그저 시인이라는 특수한 인종들의 잠꼬대 정도로나 알고 있는 게 아닐까 한다. 그런데 문제는 시가 이렇듯 소외되는 사태의 책임을 그들에게만 돌릴 수는 없다는 점이다. 시인들이 시를 필요 이상으로 어렵게 쓰려는 경향은 없는지, 또는 된 시, 안 된 시 가리지 않고 함부로 발표하는 부실함은 없는지 우선 시인 쪽에서 반성해 볼 필요가 있으리라. 사실 어떤 시는 내가 보기에도 따분하기 짝이 없다. 어떤 지겨움, 즉 시인이라면 마땅히 극복하고 승화시켰어야 할 시 이전의 허우적거림들을 그냥 노정하고 있기 때문이다. 그러한 시를 민중이 외면한다는 것은 오히려 당연하다.

　적어도 시를 신문이나 주간지 등에 발표하는 경우라면, 수많은 독자들을 예상하는 만큼, 좀더 알기 쉽게 쓸 수는 없을까. 좀더 민중에게 직소력을 갖는 소박한 시의 형식, 또 그런 일반적인 공동의 관심사가 담겨져 있는 시, ― 그때 퍼뜩 나의 뇌리에 스친 것이 민요였다. 그렇다. 민요도 시임엔 틀림없다. 물론 고급의, 밀도 높은 문학성을 자랑하는 시일 수는 없으리라. 그러나 민중의 시심(詩心)에서 우러나온 원초의 문학 형태, 그것이 민요였다. 따라서 시의 발생사를 더듬으면 거의 모든 나라에서 맨 처음에 등장하는 것이 민요인 것이다. 임동권(任東權) 편의 '한국민요집'을 펼쳐 보라. 우리 문학사의 첫 장을 장식하는 신라 향가나 고려가요 또한 당당한 민요임을 알 수 있다. 그리고 민요 정신, 민중의 시심은 오늘날까지 면면히 이어져서 가락이 있는 서민 생활어의 큰 보고를 이루어 놓았음을 알게 된다. 현대시에서도 소월(素月)과 목월(木月)은 누구보다도 민요의 가락에 민감했던 시인들로 그들의 어떤 시편들은 일종의 민요시라 일컬을 만한 새 경지를 개척한 것이었다.

　나의 첫 민요는「가을이 가난한가 인심이 가난하지」(조선일보 1965. 11. 2). 벌써 14년 전 작품이다. 지금 다시 보니 그야말로 격세지감이 있다. 특히 이런 구절「서울서 사는이만 이 땅의 선민이지/십리밖 초가집은 예대로 그린듯이/황금의 벼이삭은 말없이 익어가도/밑구멍 찢어지는 가난은 극성일세」

  요즈음에는 농촌에서도 이런 초가집을 볼 수 없다. 그 만큼 세상은 완연히 달라졌다. 하지만 그렇다고 이 민요의 존재 이유마저 없어진 건 아니리라. 민요뿐 아니라 모든 문학이 시대적 사회적 제약을 못 면함은 두말할 나위도 없는 사실이다. 요는 그 밑바닥에 관류하는 시심의 무사성(無邪性)이 문제일 줄 안다. 그러기에 공자(孔子)도「詩三百一言以蔽之曰思無邪」라 하지 않았던가. 이때 공자의 뇌리에 있었던 건 고대의 중국 민요 모음, 즉 '시경(詩經)'이었던 것이다.

朴 喜 璡

차 례

시인은 말한다

민중의 시심 / 11

시사풍(時事風)

가을이 가난한가 인심이 가난하지 / 21
잡초의 노래 / 23
X레이 찍어봐야 / 29

자탄(自歎)과 무상(無常)

어찌할까나 / 33
자탄가(自歎歌) / 35
발치유감(拔齒有感) / 38
홍제동 화장터 / 40
사랑이 고갈한 잡놈의 노래 / 41
무상(無常) / 43

인정요(人情謠)

구세군 남비에 / 47
어머니 울어머니 / 49
미스터 싱글벙글 / 51
이세상 어딘가엔 / 52
한방울 이슬이 / 53
의좋은 한쌍의 비둘기같이 / 55
부부 사랑 / 56
목욕탕에서 / 57
연하장 / 59
한국은 시의 나라 / 61

연애풍(戀愛風)

사랑아 내사랑아 / 65
사랑은 숨바꼭질 / 66
좌석 버스 안에서 / 67
숙맥아 벽창호야 / 69

아가(雅歌) / 70

하지만 자연이야 / 72

그대를 생각하고 / 73

못살겠네 하루도 / 74

시치미 떼지말고 / 75

내병은 의사도 / 76

기지(機智)와 해학

자네줄게 무어람 / 79

똥되기는 마찬가지 / 81

묘비명 / 82

바람이 많은 여자 / 83

물이 많은 여자 / 84

범부의 용기 / 85

철면피 / 86

오오저런저런 / 87

핑계나 대지말지 / 89

연애가 아무리 좋기로소니 / 90

술이 참 이상하지 / 91

처세법 / 92

손오공이 제아무리 / 93

중학생 때에 쓴 세 얼굴 인상 / 94

이런 낙서 / 95

현대민요법 / 96

해설

서민정신과 휴머니즘 · 吳世榮 / 98

✽ : 다음 쪽에서 연이 바뀜을 나타내는 표시

시사풍(時事風)

기록된 역사만이 역사는 아닌것을
아는이 있다면은 우리를 알아줄까
―「잡초의 노래 9」에서

가을이 가난한가 인심이 가난하지

가을이 가난한가 인심이 가난하지
부자는 돈이많아 마음이 둔해지고
빈자는 돈이없어 마음이 멍들었네
이땅에 여유있는 사람은 없고말고
하늘을 무찌르는 빌딩은 솟건만은
인심은 땅속으로 꺼져서 안보이네

가을이 시들한가 인심이 시들하지
서울서 사는이만 이땅의 선민이지
십리밖 초가집은 예대로 그린듯이
황금의 벼이삭은 말없이 익어가도
밑구멍 찢어지는 가난은 극성일세
울어라 귀뚜리야 너만은 그런대로

가을이 비었는가 인심이 텅비었지
흔하디 흔해빠진 낙엽이 무색하게
엄청난 시시비비 이땅을 뒹굴건만
말로는 못건지는 가난을 어이하리
그래도 별난것은 시쓰는 사람일세

독자야 있건말건 제흥을 못이기는

가을이 메말랐나 인심이 메말랐지
그누가 주린동포 내미는 야윈손을
사람의 손길이라 실감해 보았으리
길가의 개똥이면 두눈에 불을켜고
찾는이 있으련만 여보게 안그런가
인심이 각박하지 인심이 멍들었지

－1965. 10. 29

잡초의 노래

1

우리는 잡초라오
한반도 반만년을
초록빛 일색으로
수놓은 질긴목숨
지금도 살아있소
죽을날 앞으로도
영원히 없으리다
얼씨구 좋을씨구

2

잡초라 우리에겐
이름이 없지마는
이름난 기화요초
뽑혀가 병에꽂혀
한숨만 내쉬다가
시들게 마련이오
우리야 한평생을
들에서 좋을씨구

3

우리는 서로닮아
너와나 차별없네
빼기어 분수없이
잘난체 할필요도
못난체 수그리고
쥐구멍 찾을일도
없으니 자유평등
지화자 좋을씨구

4

잡초는 잡초끼리
떼지어 의지하여
비오나 바람부나
멋대로 살아가는
그것이 우리신세
어떤적 어떤힘도
치열한 우리목숨
앗아갈 수는없소

5

역사도 우리에겐

주마등 같은거라

삼국은 신라통일

신라는 고려되고

고려는 조선되고

조선은 일본에게

심지어 먹혔어도

우리는 일관했네

6

8·15 해방되자

원수의 38선이

삼천리 금수강산

두동강 낼때에도

우리는 못끊었네

잡초야 동서남북

이어져 어디서나

되살아 판치는걸

7

그러나 6 · 25 때
중공군 인해전술
우리를 물들이고
공산군 전차들은
우리를 찢었건만
상처는 아물어서
동란의 기억조차
이제는 희미해라

8

오로지 절실한건
뙤약볕 찌는아래
불붙듯 번져가는
우리의 목숨잔치
말없이 소리없이
우리는 살아왔네
그러나 강인하게
모든걸 견디면서

9
기록된 역사만이
역사는 아닌것을
아는이 있다면은
우리를 알아줄까
유명을 떠받치는
무명의 핏줄기를
안뵈는 억조창생
목숨의 뒤안길을

10
살아라 살자꾸나
우리는 안슬프다
잡초는 방방곡곡
없는데 없으니까
우리가 끼리끼리
손잡고 일어나면
조국의 통일이야
눈깜짝 할새이리

11

잡초라 우리에겐
이름이 없지마는
그래서 우리에겐
무서운 것이없다
죽어도 살아나고
살아서 더욱사는
잡초라 좋을씨구
더덩실 좋을씨구

-1967. 8. 19

X레이 찍어봐야

1
엉터리 막걸리에
뱃속이 그렁그렁
위장을 버리겠네
밤중에 잠이깨어
그뒤론 잠안오니
엉터리 민요조나
써볼까 읊어볼까
엉터리 선생님에
순진한 아이들만
버린다 생각마소
엉터리 약광고에
속는건 누구인데
대중아 대중들아
주먹만한 활자로
떠들고 볶아대면
천하의 악서도
베스트 셀러라니

2

하지만 여보이소
속은자나 속인자나
어른인 경우에는
매일반 이라지요
양심이 있는지는
X레이 찍어봐야
세상에 아직도
순진한건 아이들뿐
그러기에 이몸도
이지러진 어른임엔
틀림이 없으련만
순진한 아이들의
티없는 눈길앞엔
아직도 한가닥
마음이 설레이오
X레이 안찍어도
이것만은 분명하오

-1967. 12. 18

자탄(自歎)과 무상(無常)

어찌할까나 돈독이 올랐으니
눈동자까지 노랗게 되었으니
-「어찌할까나」에서

어찌할까나

   1
어찌할까나
부자는 돈이많아
어찌할까나
빈자는 돈이없어
돈독 올랐네
이렇게 뇌까리는
이몸도 또한
돈독이 올랐으니

   2
어찌할까나
돈독이 올랐으니
눈동자까지
노랗게 되었으니
어찌할까나
사람이 사람으로
보이지않고
돈으로 보이다니

3
어찌할까나
간덩이 퉁퉁부어
돈만생긴다면
양심을 파는일쯤
귀신도 모르게
해치울 것만같아
어찌할까나
간덩이 퉁퉁부어

4
시급하구나
정신을 차리는일
일나기전에
양심을 되찾는일
시급하구나
수리야 독수리야
이내간부터
지질근 씹어다오

　　　　　　　　　　　　　-1967. 8. 18

자탄가(自歎歌)

1

아무도 시를읽는
사람은 없건마는
시쓰면 밥생기나
시가곧 옷이되나
뭣하러 시를쓰노
나도잘 모르겠네

2

사십도 못넘기고
어느새 귀밑머리
백발이 다돼가오
눈매엔 주름살이
아뿔싸 하는사이
어금니 둘빠졌네

3

모든게 흘러가오
뽕밭이 바다되듯

미아리 공동묘지
주택가 될줄이야
느는건 무상감에
주는건 기력일세

   4

어와내 벗님네들
뿔뿔이 어디메서
숨어서 산단말가
더러는 나타나서
술한잔 살법하나
아리랑 아라리요

   5

처자랑 거느리고
살기에 바쁠테니
고구마 주렁주렁
땅속에 새끼달듯
엄숙한 사실일세

쓰리랑 쓰라리요

6
오늘은 날좋으니
산에나 오를까나
구름에 눈을씻고
푸른잎 보노라면
아직은 살고싶어
얄라리 얄라얄라

-1967. 8. 20

발치유감(拔齒有感)

어제는 이를 뺐네
뿌리가 세개 달린
그것도 어금니를
처음 이가
시큰시큰 아플 때엔
진정제나 사먹다가
괜찮으려니하고
스스로 달랬건만
밤새껏 이가
쿡쿡 쑤실 줄야
내 반평생이
그대로 쑤욱
빠지는 것 같더라면
거짓말일까
어째서 이렇게
되도록 모르셨소
하고 의사는
싱글벙글 웃더라만
그 충치가

그에겐 금이빨로

보였던 모양이지?

나는 늙었다는

폐물 되었다는

생각에 지금도

가슴이 허전하네

-1967. 8. 24

홍제동 화장터

홍제동 화장터
대합실에 가봤더니
이런낙서 있더라
우리낭군 어이할꼬
○에는 추려갈
뼈도 없으니
어이할꼬 어이할꼬

-1967. 8. 24

사랑이 고갈한 잡놈의 노래

너와 나 사이
술잔이 오고 가고
입에는 게거품을
뿜으며까지
횡설수설하나
아주 멀구나
너와 나 사이
지구와 화성만큼
떨어져 있는 거야
시대가 어떻고
비평이 어떻고
말이 창피하지
너와 나 사이
술잔은 오고 가도
사랑이 없어 그래
아집만 남은 나는
아귀가 되고
네 안의 술이
술을 받아 마실 뿐인

너는 어느새
수라가 되어
둘 다 잡놈이다
캄캄 절벽이다

　　　　　　　　　　　　　　　-1967. 1. 7

무상(無常)

영감죽자
큰며느리달달볶다
달구지끄는큰아들마저잃고
중풍에맞아칠년을하루같이
반신불수몸을
너덜너덜욕뵈다가
지린내고린내
땀내에절어
절반은썩었다가
세상을하직했네
이웃집노파혼자
팔순을바라볼때
그래도둘째아들
며느리손자딸사위들모여
엉엉울더니어이어이울더니
관속에시체넣어
툭탁툭탁못박더니
화장을치렀다네
화장을치렀다네

한줌의재와

백골의순결만이최후에남았던것

그러나그것마저이제는자취없고

노파가쓰던방도

이제는세주어젊은부부가살고있다

　　　　　　　　　　　　－1967. 8. 24

인정요(人情謠)

이세상 어딘가엔 남이야 알든말든
착한일 하는사람 있는걸 생각하라
-「이세상 어딘가엔」에서

구세군 남비에

딸랑 딸랑 딸랑……
적선 좀 하시라요
종이 울립니다
으리으리 신사들은
신탄진 한 갑 값만
가정주부라면
빨랫비누 한 장 값만
적선 좀 하시라요
종이 울립니다
미니스커트 아가씨께선
손수건 한 장 값만
단벌 신사라면
성냥 한 갑 값만
적선 좀 하시라요
종이 울립니다
구두닦이 아이라면
할 것 없지만요
남녀학생들은
버스표 한 장 값만

해가 저뭅니다
막막해지기 전에
오늘밤 강추위엔
어쩌면 거지들이
차거운 빌딩
그늘에 얼어 붙어
죽을지 모릅니다.

-1967. 12. 31

어머니 울어머니

어머니 늙으셨네
머리는 파뿌리요
얼굴은 쭈글쭈글
그래도 아직일손
놓으려 안하시네

마흔을 바라보는
노총각 이몸두고
이승을 떠나시긴
개운치 않으시리
어머니 울어머니

요즘도 조석으로
이몸을 살피시네
어제도 밤늦도록
불켜져 있더구나
일찍좀 자지않구

요즘도 글씨쓰기

시작한 모양이지?
어머니 울어머닌
시라는 글이라는
낱말도 모르시매

그러니 이몸이
시인이란 족속인줄
아실리 없으신게
오히려 다행이라
어머니 울어머니

오래오래 사셔야지
그러나 필시 먼저
저승에 가신대도
가끔은 이 아들
생각을 해주세요

-1968. 1. 11

미스터 싱글벙글

아내가 있어
말은 안 해도 그가 부르는 뜻
눈으로 알아듣는
어여쁜 아내가
추운 겨울에도 셔츠바람으로
견딜망정
아내에겐 외투를
사주는 싱글벙글

자식이 있어
말은 안 해도 그가 아끼는 뜻
핏줄로 알아듣는
귀여운 자식이
해 짧은 겨울이라 한두 끼쯤
굶더라도
자식에겐 과자를
사주는 싱글벙글

-1966. 1. 1

이세상 어딘가엔

이세상 어딘가엔
남이야 알든말든
착한일 하는사람
있는걸 생각하라
마음이 밝아진다

이세상 어딘가엔
탐욕과 분심눌러
얼굴이 빛나는이
있는걸 생각하라
마음이 씻기운다

이세상 어딘가엔
하늘을 예경하고
이웃을 돕는사람
있는걸 생각하라
기뻐서 눈물난다

-1968. 1. 13

한방울 이슬이

가뭄이 심해서
한방울 이슬이
지상의 무엇보다
귀하디 귀한곳이
있는걸 아는가

일년에 서너달은
초목도 늘어지고
바닥이 드러난
냇가엔 고기들이
말라서 시드는곳

하늘의 자비라곤
새벽에 연잎마다
고이는 이슬방울
그밖엔 없는곳도
지상엔 있느니

소금이 말라붙은

새까만 얼굴얼굴
가죽과 뼈만남은
손길도 조심조심
이슬을 거둬간다

정성껏 기도하듯
연잎의 이슬방울
영롱한 이슬방울
연잎의 그릇속에
모아서 들고간다

그처럼 귀한것이
세상에 있을라구
어떠한 금강석이
그보다 귀할라구
그보다 귀할라구

-1968. 1. 10

의좋은 한 쌍의 비둘기같이

의좋은 한 쌍의 비둘기같이
착한 부부는 서로 닮게 마련
부드러우면서도 근엄한 남편 앞에
어진 아내도 말이 적었지만
하루는 이렇게 불만을 터뜨렸다
「당신도 좀 수단을 써 보세요
쥐꼬리만한 월급만 바라보고
어떻게 평생을 살 수가 있나요?」
남편은 유심히 아내를 보더니만
「그럼 내일부턴 영혼을 팔아서
돈더밀 어깨에 걸머지기로 할까?」
그 말에 어진 아내 다시는 그런 말을
입 밖에 내어 본 일이 없었단다
실은 바늘귀를 따라 갈밖에
착한 부부는 서로 닮게 마련

-1967. 1. 24

부부 사랑

칠칠한 검은머리
파뿌리 되도록
사랑하고 사랑해낸
부부의 아름다움

지아비는 이빠지고
중풍에 걸렸건만
지어미는 귀가멀어
말도 잘 못듣건만

지아비 시중은
지금도 지어미가
지어미 걱정은
지금도 지아비가

백번을 거듭난들
부부될 인연따라
사랑하고 사랑해낼
부부의 아름다움

-1969. 1. 14

목욕탕에서

희한한 미소년이
욕탕에 들어있다
갸우뚱 모가지만
물밖에 내놓고서
지그시 눈감은채
입가엔 고운미소
이마엔 수줍음이
순결이 어려있다

그옆엔 동생일까
앵두빛 볼이고운
소년이 지켜보다
장난을 거는구나
그러나 미소년은
장난에 응할때도
여전히 눈감은채
몸놀림도 조심조심

어쩌면 저렇듯

귀여운 미소년이
장님일 줄이야!
저아이 볼때마다
얼마나 상심할까
저아이 어머니는
하느님 저아이를
보호해 주옵소서

                    -1968. 1. 16

연하장

새해엔 수두룩
날아오는 비둘기 떼
백설의 봉투 찢고
새 복을 빌어 주네

더러는 바다 건너
미국의 빵 냄새나
서반아의 술 냄새도
풍기는 비둘기……

새해엔 아무쪼록
뜻한 바 이루라고
비둘기야 비둘기야
사랑의 비둘기야

너희들은 한결같이
그렇게 이르건만
그러면 이 가슴에
빛샘이 솟건만은   *

너무도 염치없이
받기만 하였구나
사랑의 비둘기 떼
구구구 비둘기 떼

게으른 이몸도
올해는 띄워볼까
백설의 사연 실어
사랑의 비둘기 떼

-1969. 1. 12

한국은 시의 나라

한국은 시의나라
신문 제일면에
시가 매일 실리는건
한국밖에 없다니까

그것도 한국일보
세계의 자랑거리
눈뜨면 제일먼저
시읽는 재미좋아

아빠는 출근전에
엄마는 새벽길
시장에 가기전에
시를 꼭 읽으신다

나도 시읽으면
마음이 기뻐지고
소리내어 읽어보면
입안이 맑아지고 *

신선한 아침같은
풋풋한 과일같은
꽃같은 풀잎같은
시가 참 좋더라

나도 어른되면
시인이 될까보아
한국일보 제일면에
내 시가 실리도록

—1968. 1. 10

연애풍(戀愛風)

사랑의 마력이여 우리는 전생에도
이렇게 만났던가 이렇게 헤졌던가
－「그대를 생각하고」에서

김유정(金裕貞)

사랑아 내사랑아

사랑아 내사랑아
한숨이 되어
입밖에 꺼지다니
그녀의 손목한번
잡아나 볼일이지
아무도 없었는데
놓치어 버리고서

사랑아 내사랑아
눈물이 되어
남몰래 흐르다니
그녀와 입술한번
맞추어 볼일이지
별빛도 없었는데
가도록 놔두고서

-1967. 8. 20

사랑은 숨바꼭질

사랑은 숨바꼭질
총각 나타났다
처녀야 숨어라
그러나 머리칼이
약간은 보이도록

사랑은 숨바꼭질
처녀 나타났다
총각아 숨어라
그러나 기침한번
하는건 잊지말게

—1967. 8. 20

좌석 버스 안에서

코는 좀 들렸으되
들창코는 아닌
그야말로 미인형
아가씨였지
처음엔 눈이 알아
흰 목덜미 솜털만이
보였던 것을
다음엔 코도 알아
칠칠한 머리칼의
향기에 취하였네
그러나 별수없이
뒷좌석에 앉은 나는
아가씨 뒷모습만
안으로 꺼지는
한숨으로 더듬기
십 분쯤 해서일까
그녀는 내리더라
그때 겨우 훔쳐본
철렁한 옆모습

코는 좀 들렸으되

들창코는 아닌

그야말로 쏙빠진

아가씨였지

들찔레 같은

아가씨였었는데

왜 나는 덩달아

내리지 못했을까

왜 나는 항시

홀로 남아

이런 푸념만

뇌이고 있을까

　　　　　　　　　　-1967. 12. 10

숙맥아 벽창호야

너는 왜 모르나
숙맥아 벽창호야
네가 내 간장을
녹이고 있다는 걸

너는 왜 못 듣나
천치야 벽창호야
내가 새벽마다
부르는 네 이름을

너는 왜 못 깨닫나
바보야 벽창호야
너를 쏘아보는
내 눈의 에로스를

너는 왜 못 잡나
숙맥아 벽창호야
꿈속에서조차
네게로 내민 손을

—1968. 1. 9

아가(雅歌)

남풍이 불더니만
내사랑 오는구나
칠칠한 머리칼을
바람에 날리면서

이마엔 백합의
향기가 어렸구나
어쩌면 너의눈은
비둘기 같은것이

솔로몬 아가에
나오는 여인같네
우리도 가자꾸나
포도밭 넝쿨아래

풀잎의 침상에서
기나긴 입맞춤은
꿀보다 달았거니
목숨의 감로수여 　　　*

내팔을 베개하고
어느덧 잠들었네
코끝엔 이슬땀이
내사랑 어여뻐라

그렇다 네가절로
잠에서 깨기전엔
꼼짝도 안하리니
편안히 쉬어다오

-1968. 1. 23

하지만 자연이야

바위도 알고있고
구름도 보았지요
우리가 포옹한걸
하지만 자연이야
뭐라고 하나요?

-1968. 1. 24

그대를 생각하고

그대를 생각하고
거리를 헤맬 때엔
약속도 안했는데
잘도 만나지데

그대 또한 나를
간절히 사모하는
정성이 우릴 서로
당기게 하였던 것

사랑의 마력이여
우리는 전생에도
이렇게 만났던가
이렇게 헤졌던가

-1969. 1. 12

못살겠네 하루도

못살겠네 하루도
임 없이는 못살겠네

물로도 끌 수 없고
모래로도 끌 수 없는

임 생각 불이 붙어
온몸에 불이 붙어

못살겠네 하루도
임 없이는 못살겠네

이 눈에 타는 불은
임의 눈만이 식힐 수 있고

이 가슴 타는 불은
임의 가슴만이 끌 수가 있나니

못살겠네 하루도
임 없이는 못살겠네

-1969. 1. 12

시치미 떼지말고

제니야 제니
금발의 제니
기타 칠터이니
그대가 좋아하는
사랑노래 칠터이니
내볼에 어서살짝
키스해 주어야지
안그래 제니

제니야 제니
금발의 제니
기타 칠터이니
시치미 떼지말고
사랑노래 칠터이니
강아지만 껴안고
좋아할 게 무어람
안그래 제니

-1969. 1. 15

내병은 의사도

내병은 의사도
고치지 못했어
양약도 한약도
소용이 없었어

그런데 네가와서
내손을 쥐었기에
병이 나은 거야
이것은 진실이야

-1969. 1. 15

기지(機智)와 해학

여자의 살속에 배암이 지나가나
가만히 있는데도 살속에 술렁술렁 바람이 이는여자
-「바람이 많은 女子」에서

자네줄게 무어람

마음씨 착한사람
죽어서 염라대왕
앞으로 끌려갔데

자네는 한세상을
착하게 살았으니
소원을 말해보라

만약에 제가다시
태어날수 있다면
이렇게 해주이소

남에게 욕안하고
욕아니 얻어먹고
마음이 편안하게

잡곡식 일지라도
하루에 아침저녁
밥굶지 않을자리

점지해 주시도록
그밖에 다른소원
천만에 없소이다

했더니 염라대왕
껄껄껄 웃더라나
여보게 이사람아

세상에 그런자리
있다면 내가가지
자네줄게 무어람

-1968. 1. 4

똥되기는 마찬가지

끽소리 못하고
똥되는 사람이나
중얼중얼 하다가
똥되는 사람이나
똥되기는 마찬가지

-1967. 12. 29

묘비명

처음엔 가불내다
다음엔 적자쌓여
끝판엔 차압당한
인생이 누워있다
차거운 비석아래

-1967. 12. 29

바람이 많은 여자

여자의 살속에

배암이 지나가나

가만히 있는데도

살속에 술렁술렁

바람이 이는여자

안되지 안되지

바람좀 재워야지

-1967. 12. 30

물이 많은 여자

툭하면 눈물짜는
저여자 거동보소
콧물도 많은가봐
언제나 훌쩍훌쩍
물을좀 말려야지
여자가 습해지면
비늘이 돋친다오

−1967. 12. 30

범부의 용기

밑져야 본전일때
범부는 용기낸다
그것도 막다른
골목에 다다라서

-1968. 1. 7

철면피

바늘로 찔러봐야
진물도 안나오는
사람이 있다하나
그건 아직 약과라오
찔러야 바늘따윈
들어가도 아니하는
낯가죽도 있으니까

       -1968. 1. 12

오오저런저런

오오저런저런
남녀가껴안다가
돌이되었구나
여자의유방도
남자의생식기도
돌이되었구나

오오저런저런
사람들이다투다가
돌이되었구나
그들의핏대도
부릅뜬눈알도
돌이되었구나

오오저런저런
산모가애낳다가
돌이되었구나
산모의아랫배도
반쯤삐져나온

애기의머리통도

오오저런저런
노인이죽어가다
돌이되었구나
뒤틀린팔다리
고통의몸짓그냥
돌이되었구나

-1968. 1. 10

핑계나 대지말지

혼자서 노는아이
들어줄이 없어도
노래만 잘부르데

신문에 안난다고
의로운일 할만한
가치가 없는걸까

핑계나 대지말지
열녀비 안세워
수절을 못한다니

-1968. 1. 13

연애가 아무리 좋기로소니

연애가 아무리 좋기로소니
서방질을 위해서는
자식도 마다하고
헌 신짝처럼 동댕이치는
그런 여잔 나는 싫소
멸시할밖에 없소

돈이 아무리 탐나기로소니
사욕을 위해서는
동료도 무시하고
헌 신짝처럼 짓밟으려는
그런 남잔 나는 싫소
타기할밖에 없소

−1968. 1. 20

술이 참 이상하지

저 박봉에 시달린다는
월급쟁이 거동 보소
술이 참 이상하지
여급에겐 오백 원의
팁을 주면서도
손 내미는 자식에겐
한 푼도 줄까말까

하루 저녁 빠에서
쌀로 치면 몇 가마씩
술을 들이키는
胃大한 호담아도
사실은 졸장부라
손 내미는 거지에겐
한 푼도 안 주거든

-1968. 1. 17

처세법

시대의 타락상을
입만은 살아서요
겉으론 비난해도
실지론 타협하죠
대부분 지식인은
왜냐면 그것이
영리한 처세임을
그들은 아니까요

-1968. 1. 24

손오공이 제아무리

손오공이 제아무리
동에번쩍 서에번쩍
이리뛰고 저리난들
온우주의 구석구석
가봤노라 제아무리
으스댄들 보라보라
부처님 손바닥에서
벗어나지 못한것을

-1968. 1. 25

중학생 때에 쓴 세 얼굴 인상

공포의 일순

머리는 밤송이
얼굴은 가제알
눈을 뜬 채 화석이 된다

여드름 박사

이따금 노오란 고름을 토하는
빨간 분화구들 죄그만 분화구들
무시로 유황내 뿜으면서
홧홧 다는 얼굴이 있다

곰보 미인

맷돌에다 분 바르면
그여자의 얼굴이 되오

-1948

이런 낙서

밤낮李箱에골몰하더니
당신도어지간히異常해졌나보오
李箱을理想으로삼았다가는큰코다치리다
李箱은슬픈스타일리스트
비록그의에스프리청결하나절망더하기
권태가낳은시대의사생아
박제가되어버린천재가정말
천재일수있겠소李箱은以上
더집착하지않는게적당하오

-1967. 8

현대민요법

1

민요는 쉽게 써야
순식간에 써버려야
피가 빨리 돌아갈 땐
빨리 돌아가는 가락을 타고
느릿느릿 돌아갈 땐
느릿느릿 돌아가는 가락을 타고
나오는 말을 써야
솟구치는 말을 써야

2

민요를 쓰려거든
아직도 이 땅의 민요를 쓰려거든
잡초를 보아라
여름날 작열하는 뙤약볕 아래
혹은 농부의 얼굴을 보아라
까맣게 끄슬리고 주름진 살갗 아래
흐르는 피의 말을 쓰려거든
산 말을 쓰려거든

3
암 도시의 민요도 있지
부랑자들의 노래도 재미있지
무력한 사람들 학대받는 사람들의
애가도 있고말고
도적놈 월급쟁이 순경 거간들의
타령도 있고말고
그러나 그것들도 잡초의 마음으로
저 이름없는 농부의 마음으로

　　4
보듬듯 감싸듯이
메어다꽂듯 윽박지르듯이
가려운 덴 긁어 주고
아픈 데는 살살 달래 주다가도
쿡쿡 찔러 주고 동댕이치고
욕하고 빈정대고 비웃어 주다가도
마치 사랑의 레스링하듯 해야
나중엔 회심의 미소가 떠올라야

　　　　　　　　　　　　-1967. 8. 23

해설/박희진의 민요시

庶民精神과 휴머니즘

吳 世 榮

1

시인 자신이 이미「시인은 말한다」에서 언급한 것처럼, 여기에 수록된 朴喜璡의 詩들은 모두 민요적인 가락, 민요적인 詩心을 형상화한 것들이다. 따라서 이들 작품은 存在 探究나 삶의 內的 完成을 지향하기보다는 실제 생활의 모색, 삶의 外的 涵養을 기리기 위해 씌어졌다 함이 옳다. 개인보다는 共同體 意識이, 內面 探索보다는 外的 관심이, 영원성보다는 현실성이, 存在論的 문제보다는 生活의 보편적 경험이, 이념적 사유보다는 실천적 행동이 강조되었던 것은 시세계에 반영된 민요적 성격과 무관하지 않다.

원래 민요는 원시 종합예술의 하나로 실제 생활에 깊이 밀착하여 전승되어 왔다. 현대 민속학자들의 견해에 따르면, 민요란 생활의 功利的 필요성에 의해서 발생되었다고 한다. 민요의 원초형태가 勞動謠·祭儀謠에 있음은 그것이 民衆의 현실적 생활에 필수 불가결한 관계를 맺고 있음을 말해 준다. 즉 민요의 口演에 의한 노동력의 집약은 경제적 생산의 증대와 공동체적 단합을, 민요의 口演에 의한 祭天儀式의 거행은 사회적 규범의 확립을 도모하는 데서 비롯하는 것이다. 이와 같은 효과는 주로 삶의 外的 狀況에 관련된 것이며 內面 精神의 탐구와 같은 形而上學的 문제와는 거리가 멀다. 民謠詩의 일반적 주제가 삶의 內的 構造보다 外的 構造를 대상으로 하고 이를 지향한 朴喜璉의 민요시들이 같은 특징을 반영하고 있는 것은 결코 우연이 아니었다.

이 시집에 수록된 民謠詩들은 時事風, 自歎과 無常, 人情謠, 戀愛風, 機智와 諧謔 등으로 분류되어 있다. 그러나 이들을 大別하면 대체로 生活의 詩, 警世의 詩, 사랑의 詩로 대별되지 않을까 한다. 물론 이러한 구별은 이들 詩의 주제에 따른 필자의 편의에서 온 것이며, 전통적 민요 장르 체계와는 별개이다.

민요의 장르 체계에 대해서는 현대 민속학자들의 시끄러운 논란이 거듭되고 있지만, 전통적인 방법에 따를 때 다음과 같이 분류할 수 있다.

첫째 機能性의 有無에 따라 機能謠와 非機能謠, 둘째 스토리의 有無에 따라 敍述 民謠와 非敍述 民謠로 나누어진다. 이들은 다시 下位 區分에서 서술 민요의 경우에는 口碑 敍事詩·발라

드, 非敍述 民謠는 抒情 民謠·勞動謠·通過儀禮謠·遊戱謠·歲時謠·宗敎謠·社會謠·敎訓謠·자장가·童謠 등으로 나뉘어진다.(M. Leach.ed. Standard Dictionary of Folklore, Mythology and Legend. New York: Funk and Wagnall.)

이와 같은 전통적 민요 장르 체계에서 고찰한다면 朴喜璡의 詩는 모두 非機能謠, 非敍述 民謠에 해당하는 것이다. 그리고 그 하위 장르에서도 그것은 抒情 民謠와 社會 民謠에 국한된다. 즉, 朴喜璡은 勞動謠·祭儀謠·歲時謠·敎訓謠 등엔 관심을 가지지 않았다. 그러나 이상의 지적은 朴喜璡의 民謠詩 創作에 하등의 참언이 될 수 없다. 우리는 지금까지 論外로 해 왔지만 실재에 있어 朴喜璡이 쓴 民謠는 엄밀한 의미의 전통 민요는 아니며 민요를 지향하고 있다고 하더라도 그것은 아직 민중의 재창작 과정이 남아 있는 개인 창작시이기 때문이다. 현대 사회의 구조에 있어서도 民衆은 前近代的, 民俗的 民衆의 생활 방식이 요구하는 바 勞動謠·祭儀謠·敎訓謠 따위를 필요로 하지 않음이 물론이다. 근대화된 한국의 현대 民謠 詩人 朴喜璡이 勞動謠·祭儀謠 따위를 詩作하지 않았던 것은 당연하다.

2

나는 앞에서 朴喜璡의 民謠詩가 삶의 外的 構造에 관심을 가지고 있으며, 대체로 生活·警世 및 사랑의 테마를 추구했노라고 말하였다. 그것은 옳은 말이다. 임의로 인용한 다음과 같은 시를 살펴보자.

속임수 온갖협잡
살기위한 방편이라
눈감아 줘야하나?
양심은 없는거라
외치는 사람들아

칼날이 부러지면
칼구실 못하듯이
무뎌진 양심은
양심이 아니라고
양심이 없다고야!

法대로 살아가세
良心法이 自然法
順理를 어기면
아지못게라 이마에
발가락이 붙게되리①
　　　　　　　－「萬원쯤 슬쩍할땐」에서

자식이 있어

말은 안해도 그가 아끼는 듯

핏줄로 알아듣는

귀여운 자식이

해 짧은 겨울이라 한두 끼쯤

굶더라도

자식에겐 과자를

사주는 싱글벙글②

                    -「미스터 싱글벙글」에서

못살겠네 하루도

임 없이는 못살겠네

물로도 끌 수 없고

모래로도 끌 수 없는

임 생각 불이 붙어

온몸에 불이 붙어

못살겠네 하루도

임 없이는 못살겠네③

                    -「못살겠네 하루도」에서

①은 警世의 詩이며, ②는 生活의 詩이며, ③은 사랑의 詩이다. 이들은 모두 非觀念 現實 指向이라는 점, 공동체적 사랑을 표상하고 있다는 점에서 일치되고 있다. ①은 타락한 사회상 속에서도 이를 개선해 나가고자 하는 民衆의 意志가, ②는 가난한 서민의 가정을 통해 정감 가득히 표현된 삶의 애환이, ③은 토속적 서민의 사랑이 그려진다. 이 모두는 지식인이나 부르주아 계층의 의식 구조에서 발견되는 精神 遍歷과 달리 鄕土民의 순수 무구하고도 非知性的인 생활 감정을 우리들의 피부에 직접적으로 솔직하게 표상시킨다. 요컨대, 朴喜璡의 詩는 庶民 精神에 기초한 폭넓은 휴머니즘과 共同體에 대한 따뜻한 신뢰, 그리고 사랑으로 엮어진 것이다. 나는 그것을 지금까지 여러가지 방법으로 설명하려 했지만 결국 시인 자신이 고백한 〈民衆의 詩心〉이외의 그 어떤 말도 그 이상 적합하지 않음을 솔직히 시인하지 않을 수 없다. 〈民衆의 詩心〉이야말로 朴喜璡의 詩를 演繹해 내는 假說이다.

民衆이라는 말은 多意的 의미를 지닌 매우 포괄적인 용어이다. 自己 合理化의 논리로 강변되는 것이 통례이다. ―심지어 이러한 오해를 염두에 두고 의도적으로 애매하게 사용되는 경우조차 없지 않다. ―民衆은 때로 프롤레타리아트로, 때로 민주 시민으로, 때로는 민족으로, 때로는 일반 대중이라는 뜻으로 사용될 수 있다. 그러나 朴喜璡에 있어서 民衆은 民俗的 개념으로서의 民衆이다. 그것은 교양에 의해서 세뇌받지 않고, 鄕土的

생활에 친근하거나 적어도 자연의 생활을 지향하면서 민족의 基層的 思考와 문화를 잠재적으로 계승한 共同體이다. 따라서 그들은 社會相에 깊은 관심을 갖기는 하되 그것을 민족의 원형질로 환원시키고자 하는 사람들이라 할 수 있다. 朴喜璡의 詩가 민중 의식을 표현하면서도 階級 意識을 배제했던 이유가 여기에 있다. 물론 현대 사회의 여러 다양한 현상에서 살펴볼 수 있는 것처럼, 그의 민중 역시 서민층, 小市民 등 다양한 계층을 포괄하고 있는 것도 사실이다. 그러나 본질에 있어서 그것은 民俗的 民衆을 지향한다. 민중 의식이 가장 솔직하게 표현된 것으로 보이는 다음과 같은 詩에서 우리가 그의 民俗的 혹은 民族的 民俗性을 쉽게 발견할 수 있는 것은 우연이 아니다.

잡초는 잡초끼리
떼지어 의지하여
비오나 바람부나
멋대로 살아가는
그것이 우리신세
어떤敵 어떤힘도
치열한 우리목숨
앗아갈 수는없소　　　　*

8·15 해방되자
원수의 38선이
삼천리 금수강산
두동강 낼때에도
우리는 못끊었네
잡초야 동서남북
이어져 어디서나
되살아 판치는걸

－「雜草의 노래」에서

3

민요에 있어서 무엇보다 중요한 것은 그 音樂性(리듬)이다. 널리 알려진 바와 같이 民謠란 노래로 불려진 口碑文學이기 때문이다. 한국 民謠의 리듬이 무엇인가 하는 문제는 한국 詩歌의 기본율격이 무엇인가 하는 문제와 더불어 아직 미해결의 장으로 남아 있지만 최근 학계의 성과에 의하면 그것은 音步律일 가능성이 짙다. 즉 한국 民謠는 크게 2音步格의 리듬과, 3音步格의 리듬으로 대별되며, 前者는 吟頌에, 後者는 歌唱에 적합하다는 것이다. 가령「담방구 타령」(담방구야/담방구야//동래울산/담방구야…)은 2音步格 리듬이고 널리 알려진「아리랑」·「도라지」타령(나를/버리고/가시는님은//십리도/못가서/발병나네)은

3音步格이다. 3音步格은 세음보가 同一한 길이를 지닌 等長 3 音步格과, 마지막 음보가 前 2音步보다 긴 것(後長 3音步格) 짧은것 (後短 3音步格) 등으로 다시 세분될 수 있다.(이 경우 앞서 인용한 「아리랑」·「도라지」타령은 後長 3音步格 리듬에 속한다)

이와 같은 전통 민요의 율격에 비추어 볼 때, 朴喜瑃의 詩가 거의 대부분 2音步格 리듬을 수용하고 있음은 쉽게 지적된다.

아무도/詩를읽는

사람은/없건마는

詩쓰면/밥생기나

詩가곧/옷이되나

-「自歎歌」에서

이세상/어딘가엔

남이야/알든말든

착한일/하는사람

있는걸/생각하라

-「이세상 어딘가엔」에서

(註: /는 音步 單位의 표시임)

音數律로서는 3·4調에 해당한 이러한 2音步格은 한국 전통 민요의 가장 보편적인 리듬이다. 朴喜璡의 시가 민중의 공감을 얻을 수 있었던 것은 이러한 민족적 리듬의 借用에 있었다. 그러나 朴喜璡은 전통적 율격을 차용하는 것으로 만족하지는 않는다. 가령「어찌할까나」와 같은 시에서 그는 새로운 민요시의 리듬을 모색하는 실험 정신을 보여준다.

어찌할까나/富者는/돈이많아
어찌할까나/貧者는/돈이없어
돈毒올랐네/이렇게/뇌까리는
이몸도또한/돈毒이/올랐으니

―「어찌할까나」에서

앞에 시는 본문에서 8行으로 분절되어 있는 것을 필자가 音步律로 律讀한 것이다. 音數律로 보면, 5·7調로 생각되지만, 실은 3音步格임이 드러난다. 그러나 이 詩의 3音步格은 전통 민요의 그것과는 다른 破格이다.「어찌할까나」의 3音步格은 5·3·4의 音節數를 지니고 있어서 첫째 음보가 뒤의 두 음보보다 결코 길 수 없다는 전통 민요의 율격 원리에 위배되고 있기 때문이다.

이 외에도 朴喜璡의 詩가 지니고 있는 민요적 성격은 다양하다. 예컨대 詩語에 있어서 鄕土語 및 生活語의 분방한 사용과 그 솔직하고도 직접적인 언어 표현, 시의 造形에서 드러나는 反

復 및 竝置의 構造, 내용에 반영된 民俗的 素材 및 語法상에 발견되는 慣習的 表現 등이 그러한 예이다.

어찌할까나
肝덩이 퉁퉁부어
돈만생긴다면
양심을 파는일쯤①
　　　　　　　　　　　－「어찌할까나」에서

가을이 가난한가 인심이 가난하지
………………………………
가을이 시들한가 인심이 시들하지
………………………………
가을이 비었는가 인심이 텅비었지
………………………………
가을이 메말랐나 인심이 메말랐지②
　　　　　　－「가을이 가난한가 인심이 가난하지」에서

사랑은 숨바꼭질
총각 나타났다
처녀야 숨어라
그러나 머리칼이

약간은 보이도록③

-「사랑은 숨바꼭질」에서

①은 분방한 鄕土語가, ②는 反復 및 竝置 構造가, ③은 民俗的 素材의 패러디가 유니크하게 형상화되어 있다. 이러한 제 특징은 민요만이 가진 장점이자 자랑이다.

민요란 개인 창작만으로 이루어지는 것이 아니며 民衆의 재창작에 의해 공감을 받을 때 비로소 완성된다. 이러한 의미에서 이 詩集은 이제 詩人만의 소유물에서 벗어나 진실로 민중의 것이 되어야 할 것이다. 나는 이 시집이 민중의 사랑, 민중의 공감을 폭넓게 획득하리라고 믿는다.

가슴속의 시냇물 · 1982

표지화 · 클레

차 례

십사행시편(十四行詩篇)

천마송(天馬頌) / 121
섣달 그믐날 살을 에이는… / 122
겨울 설악에서 / 123
나의 침대에게 / 124
이변(異變) / 125
횡재(橫財) / 126
겨울 내장산 골짜기에서 / 127
초겨울 햇빛 / 128
헤르베르트 폰 카라얀 / 129
공간시낭독회 / 130
눈 내리는 날 / 131
오십지천명가(五十知天命歌) / 132
다산시 1수(茶山詩 一首) / 133
언덕 위의 판잣집 / 134
신처용가(新處容歌) / 135

돼지 시대

돼지 시대 / 139

광화문 환상 / 140

슬픈 예언 / 142

무제 / 144

연말유감 / 145

가슴속의 시냇물 / 147

술 타령 / 148

반지성적 경향에 대하여 / 149

텔레비는 바보 상자 / 151

습유시편(拾遺詩篇)

술병은 비었다 사람은 네 사람 / 155

어항 안의 금붕어는 / 156

눈먼 우화(寓話) / 159

목욕탕에서 / 162

가을은 나에게 / 164

이 추위에… / 165

등꽃과 팔목시계 / 166

비애 / 168

고호의 교회 / 169

피카소의 닭 / 170

보리밭 위를 나는 까마귀떼 / 171

여름에 시원한 건 / 173

매향(梅香) / 175

나의 애인

송시(頌詩) / 179

혀 / 181

나의 애인 / 183

겨울의 시 / 184

하인츠 홀리거 / 185

무제 / 126

세한도운(歲寒圖韻) / 187

김창렬(金昌烈) / 189

어느 날 / 193

가든 파티 / 195

추억 / 197

태암(苔巖) 김규영 선생송(金奎榮 先生頌) / 199

늙은 장님의 초상 / 202

무제 / 203

백운(白雲) 고(故) 김희훈 형(金禧勳 兄) 일주기(一週忌)에 / 205

근작시초(近作詩抄)

폭포 / 211

여름의 포플러 / 214

손 / 216

밤의 숲 속에서 / 219

엄지만한 동자(童子) / 221

불일암추억(佛日庵追憶) / 222

이 마음 못물 위에 / 224

묻노니 시비(詩碑)여 / 225

촛불 / 226

실내원예(室內園藝)를 기리는 노래 / 229

애향가 / 232

해변 시인학교 소묘 / 233

청학동 사람들을 기리는 노래 / 236

속초 2박 3일 / 239

나의 아들은… / 242

즉흥적 각서(卽興的 覺書) (1964~82) / 245

후기 / 260

＊ : 다음 쪽에서 연이 바뀜을 나타내는 표시

십사행시편(十四行詩篇)

(1976~80)

천마송(天馬頌)

천마여, 천마여,
처음 네가 서라벌 캄캄한 공중에
네 굽을 놓았을 때
너는 눈부신 흰빛이었다.

겨레의 꿈, 삼국통일이 이루어지자
너는 자취를 감추고 말더니,
천년도 일순인가, 홀연히 나타나다!
무덤을 헤치고 어둠을 뚫고.

지금도 여전히 네 굽을 놓은 채,
내뿜는 숨결마다 백금의 불길 되고
나부끼는 갈기, 높이 처들린 꼬리에도

불이 붙어 있네, 불멸의 불이.
오오 분단된 국토의 희망이여,
너 또다시 통일의 영광을 몰고 오라.

섣달 그믐날 살을 에이는……

섣달 그믐날, 살을 에이는 강풍을 무릅쓰고,
내 여기 인천 연안부둣가에 홀로 서 있음은
저물어 가는 한 해의 유언을 듣기 위함인가?
저만큼 물러앉은 썰물의 서해는

나를 가라고도 오라고도 않는구나.
설사 네게로 시의 갈매기를 날려 보낸들
매서운 추위에 날개는 얼어 돌맹이처럼
수직으로 떨어지리, 공중에서 바다의 품에.

수다스러운 건 시간의 수레바퀴,
바다는 푸르죽죽 멍이 든 채로 실눈을 뜨고 있다
영원이란 자고로 그래왔다는 듯이.

저 바다와의 포옹을 위해서는
뜨겁고 긴, 시간을 여읜 입맞춤을 위해서는
이몸은 멸하여서 다시 시원의 물이 돼야 하리.

겨울 설악에서

눈에 덮인 계곡을 따라
가파른 길을 미끄러지며, 푹푹 빠지면서
오르내린 끝에 다다른 양지,
찬 어름 깨고 엎드려 마시는 냇물 맛이라니!

해묵은 거목이 뿌리마저 드러낸 채
쓰러져 있는 근처에서 일행은 모닥불을
피우기 시작했다. 멀리 보이는 토왕성 폭포는
하늘로 날으려다 그만 얼어붙은 백룡의 모습.

나는 나무때기를 주우러 갔었는데
홀연 이몸을 엄습하는 고요에 질리어서
사방을 둘러보니, 놀라운 일이었다.

기기묘묘한 설악의 연봉들이
이몸을 안에 두고 삥 병풍처럼 둘러쳐져 있다.
이몸을 안에 두고 삥 병풍처럼 둘러쳐져 있다.

나의 침대에게

오 침대여, 나의 무덤이자 요람인 너,
단독자에겐 평생의 반려자여,
너만이 이몸을 거부 않는구나 — 야수로 전락하건
또는 천인으로 상승하건 간에.

인간에겐 받아들여지지 않는 이몸의 사랑,
하느님이나 부처님하고도 통하지 않고
숨막히는 괴로움이 전부일 때,
캄캄한 나락에서 허우적거릴 힘도 없을 때엔

네게로 쓰러진다. 너만은 항상
이몸을 묵묵히 받아들여 온 사실에 나는
새삼 감사드리고 싶구나.

간밤엔 나의 무덤이었던
네게서 내가 다시 라자로처럼 소생한 지금
너는 또 어김없이 나의 요람으로 변해 있구나.

이변(異變)
−또는 오리무중

오늘 그대는 한없이 열리어서
나를 황홀하게 해줄 듯싶더니만,
그 샛별의 눈동자 지자
사랑의 풀무, 콧구멍에선 식은 바람 일고

풀리기 시작하네 서서히 안개로……
라일락 향내 나던 그대의 살,
그 살 속의 꿈꾸던 피도
노글노글하던 하이얀 뼈도.

그대를 보듬은 두 팔에 아무리
힘주어 본들, 이제는 늦었구나,
그대를 범할 능력이 내겐 없다.

마침내 그대는 온통 풀리어서
안개의 바다, 그리하여 나만이 홀로 남았구나
그대를 보듬었던 알몸의 자세대로.

횡재(橫財)

텔레비전의
브라운관에서도
어쩌다가 보석이
굴러 떨어지는 경우가 있는 모양.

바이올리니스트
김영욱이 감격의 연주를 하다가
꼭 한 방울,
떨구더라는 얘기가 그것인데.

듣기만 해도
내 마음 연잎 위엔
이슬이 맺히나니.

실지로 그걸
보았던 사람이야
횡재나 다름 없지.

겨울 내장산 골짜기에서

겨울 내장산의
눈 덮인 골짜기는 깊고, 깊어,
태고의 고요 서린 맑은 영원(永遠)이 흐르는 것을
볼 수 있네.

우리의 막힌 내장 안을 흐르던 검은 물은
어느새 어디론가
말끔히 가시고,
시간은 이제 사라져 버렸음을 문득 깨닫겠네.

그대의 손을 잡고 싶은 생각도 없어지고
우리는 누가 먼저랄 것도 없이
그 차가운 영원 속에다 손가락을 담그었네.

그 순식간의 정하디정한 전율도 사라지자
있는 건 물, 우리도 이젠 온통 물이로세,
그대의 눈은 그 물 위에 떠 있는 연꽃이고.

초겨울 햇빛

마지막 간댕이던 포플러 잎도
이젠 어디론가 사라져 버렸군요.
이몸도 차라리 알몸이 되어
저 냉엄한 순수공간 속에 서 보면 어떨까.

하지만 저는 떨고 있는 걸요,
부신 햇빛의 유리창에다
열기 어린 이마를 조아리며.
지금 제게 제일로 좋은 것은

이 초겨울 따스한 햇빛!
시들은 살, 메마른 핏속으로 스미어 들어와서
다시금 이몸을 살고 싶게 하는,

이렇게 중얼중얼 소리를 내게 하는,
오오, 햇빛이여, 따스한 햇빛이여,
그대야말로 나의 하느님!

헤르베르트 폰 카라얀

지구를 대표하는
음악 중 음악, 베토벤의
9번을 지휘하는 원숙한 그대,
그대야말로 음악의 화신.

최고의 지휘자, 음악미(音樂美)의 사제로다.
지그시 눈감은 채, 태초의 고요에서
소리를 뿜어내는 그대 열 개의
손가락 따라 별들이 춤을 추네.

온 우주가 하나의 조화(調和)로
일치된 지금,
있는 것이라곤 도취뿐이로다.

들숨과 날숨, 고요와 소리,
지휘자와 단원들, 지구와 우주는
둘이 아님을 증명하는 도취뿐이로다.

공간시낭독회

한국의 수도, 팔백만 인구의 서울에서도
가장 아름다운 한국어를 듣고자 하는 이는
이곳에 오라, 소극장 공간사랑(空間舍廊),
안온하고 훈훈하고 멋있는 지하실……

침묵에서 나와 언어는 잠시 빛과 소리와
열기와 힘을 사방에 뿌리지만
이내 침묵으로 되돌아가게 마련인 것을
느끼게 하는 언어의 도사, 시인의 발성……

「최선의 질서가 부여된 최선의 언어」인 시도
결국 온전히 사라지고 마는 걸까.
아니지, 아니지. 말하는 이와 듣는 이를 하나로

이어주는 가슴 속에, 소리는 사라져도, 어느덧 세워지는
존재의 탑, 보이지 않는 언어의 사원,
시는 그리하여 불멸의 공감이며 체험인 것이다.

눈 내리는 날

눈이 소리 없이 내리는 날엔
모든 사람들이 제각기 한동안 넋을 잃는다
까마득하게 잊었던 본향에의 향수에 젖는다
눈이 소리없이 쌓이는 날엔

큰 눈을 뜨고 눈을 바라본다
본래 인간은 청정한 존재임을
깨닫고 새삼 마음 훈훈해지기도 한다
그렇다 좀더 느긋하게 살아가자

성급하게 치닫지 아니하면
나태의 늪 속에서 허우적대기 일쑤인 우리
눈이 소리 없이 내리는 속도에서

다시 마음의 가락을 찾아 익혀야 하리
꿈꾼다는 것 사랑한다는 것은 그처럼 조용히
끊일 듯 이어지는 순수지속임을

오십지천명가(五十知天命歌)

나는 여지껏 시작(詩作)과 구도는 양립이 안 된다고,
시작에 좀더 기울어져 왔었지만
한쪽 다리로만 걸으려는 것과 같이
그것은 무리요 어리석은 짓이었다.

이제 달아날 구멍은 없다고,
물샐틈없는 정진만이 이몸을 살린다는
이 〈지금의 마음〉을 그대로 면면히 이어가야
나는 늙어도 늙지 않으리라.

잘못 살았기에 얻은 건 게으름뿐,
눈도 코도 잃고 시작은 병 들었네.
자유의 대적, 게으름을 추방하자.

시선일치(詩禪一致)의 대로를 걸어가자.
사물의 본질을 꿰뚫어 보아야만
말은 비로소 거룩한 질서, 미(美)를 획득한다.

다산시 1수(茶山詩 一首)

「시름에 잠겼다고 술을 마시랴
술을 마셨다고 시를 읊으랴
쓸쓸히 남창(南窓) 아래
홀로 앉아 꽃 한 가지 보노라」

귀양살이 많이 했던 옛날 대학자
정다산(丁茶山)하면 많이들 알 테지만
이런 시도 썼다는 건 몇 사람이나 알까
다산은 지금도 남창 아래 앉아 있네

술은 사람의 마음을 풀어 주되
취흥도 지나치면
흔히 속취(俗趣)로 떨어지기 쉬운 법

쓸쓸함이 고요와 더불어 하나 되니
맑아질 대로 맑아진 우리 다산의 눈엔
꽃 한 가지 피어나서 질 줄을 모르누나

언덕 위의 판잣집

이젠 청빈이니 낙도(樂道)니 하는 말은 안 통하는
콘크리트 시대인 줄 알았더니,
언덕 위의 판잣집은 그렇지 않네
사방이 뚫려 비바람은 무상출입.

하루 한 번씩 그 곁을 지나면서
퇴락한 울 너머 집 안을 기웃대면
씻은 듯 부신 듯, 쌀 한 톨 안 보이나,
마음은 웬일인지 푸근해지데.

오늘은 이상하게 방문이 조금 열려 있다!
흰 눈이 하늘 땅을 덮어서일까
용기를 내어 나, 박(朴)삿갓이 그 안을 살피니,

어럽쇼, 틀림없는 달마 화상이
눈을 딱 부릅뜨고 좌정한 채
미동도 않고 있네, 미동도 않고 있네.

신처용가(新處容歌)

세상이 못 견디게 지겨울 때엔
세상이 못 견디게 따분할 때엔
나는 요즘도 혼자서 춤을 춘다
얼씨구 절씨구 더덩실 춤을 춘다

어제도 방 안에서 전축의 거문고 산조에 맞춰
늘어지게 한바탕 춤을 추었거니
오르락 내리락 가락 따라 손짓 발짓……
흥겨워지면 온몸에서 달빛이 풍기나니

그러자 느닷없이 반쯤 열린 창문을 통해
들어온 바람 나를 보더니 반색을 한다
서라벌 시절 늘 나를 따르던 바람이었다면서

처용 어른께선 고집도 대단하셔
풍류남아가 어떻게 억울하게 홀몸으로 늙는담
하더니 나를 살짝 껴안더라 웃지도 않고

돼지 시대(1974~82)

돼지 시대

어제는 종로 2가엘 가 봤더니
흔한 게 사람인데 참사람은 안 보이고
느닷없이 거대한 돼지가 한 마리,
더는 살이 붙을 수도 없을 만큼
디룩디룩 쪄 가지고
한껏 가는 실눈을 해 가지고
입에는 담뱃대를 물고 있더라.
한가로이 푸른 연기를 뿜으면서
이렇게 중얼중얼 뇌까리더라.

호랑이 담배 피던 시절은 지나갔어,
의로운 사람, 생각하는 사람의
시대도 지나갔어, 하늘 높푸르고
산들바람 일던 계절도 지나갔어,
지금은 나와 같은 돼지가 판치는 때
어떻게 하면 남보다 많이 먹고
어떻게 하면 남보다 편안히
쉬고 살찌느냐, 그것이 전부로다.
암, 그밖에 문제는 없고말고.

광화문(光化門) 환상

동아일보사 앞에서

북쪽을 보니

깜짝 놀라겠다

왕년의 복마전(伏魔殿)

구총독부 건물은 간데없고

광화문 그 너머엔

장엄한 근정전(勤政殿)이

날을 듯 활개치네……

벽공을 등진

북악은 수려한

온몸을 드러냈다.

푸른 옷자락 아래론 살짝

백옥(白玉)의 맨발까지!

이렇게 아름다운

서울인 줄은 정말 몰랐구나.

하고 보니 꿈이었다.

동포들아, 동포들아,

해방 삼십 년의

우리의 국력으론

아직도 저 살 속의 가시 같은

구총독부 건물 하나

헐 수가 없단 말가.

슬픈 예언

나는 이제 죽어도 썩지 않으리라.
(도통해서 그런 건 아니라오)
매일 아침 수십 년 동안이나
방부제 넣은 빵을 먹었으니.
나의 위액에선
수은 몇 방울과
(그걸 사리 나왔다고
성급하게 오해하진 마시압)
하이타이 세제 성분도 약간
검출될 것이다.
수은으로 키운
콩나물을 먹었으니,
냉수에 하이타이 가루를 탄 걸
맥주인 줄 속아서 마셨으니!
(기상천외의 상혼을 차라리 가상타 하랴)
나의 뼈에는 니코틴 냄새 나는
석회도 더러 묻어 있으리라.
석회를 섞어 만든
두부도 먹었고,

담배꽁초 넣어 끓인 꽁피(?)도
필시 여러 잔 마셨을 테니.
「이 사람은 화성에다
갖다 놔도 살 뻔했어! 시인 같지 않게
강철의 위장을 지녔으니 말야」
하고 어떤 이는 죄없는 너털웃음을 웃으리라.

주 : 꽁피-담배꽁초와 커피의 합성어

무제

가축병원 앞 전신주에는
늘 병들어 빌빌하는 개가 매여 있다.
눈꼽이 끼고,
이름도 모를, 더러운 털투성이
개인 게 보통이나
요즘은 공교롭게 불독인 것이다.
오늘 아침에도 그 앞을 지나는데
유심히 나를 노려보는 눈빛이
심상치 않다. 귀기(鬼氣)를 띠고 있다.
「여보게 이 사람아,
자넨 어제도 보신탕을 먹었것다.
내생에는 자네가 개가 되고
내가 사람 되지 말라는 법도 없지」
그렇다고 식은땀을
흘릴 것까진 없을 텐데 말야.
어쩐지 빨라지는 걸음도 그렇고
속이 메슥메슥해지는 것이
불독 말에도 일리는 있는 모양.

연말유감

인구폭발을 염려하는 정책가 및 세리에게
우선 한 마디, ― 독신자라고 우대는 못할망정
이럴 수가 있을까? 연말 보너스 12만 원에서
소득세만 12만 원(!) 그 밖의 세금을 제하고 보니
마이너스 봉급 받으나 마나로세.

이상난동이라고 야단이나
간장이 얼어붙어 견딜 수가 있어야지.
어슬렁어슬렁 도심으로 기어나가
독주를 퍼마셨다. 딸랑, 딸랑, 딸랑, 딸랑,
귓전을 울리는 구세군 남비 소리.

거들떠보고 싶지도 않았다.
불우 이웃 돕기라면 나도 이미 반장에게
일금 천 원을 내놓았는 걸. 마이너스 봉급을
받게 될 줄 알았다면 한 이백 원만 내놓을 걸
잘못했어, 하고 자꾸 치사해지는 마음.

「이 사람아 그래도 시인이라는 자가

그게 무슨 마음씨람. 참아야지, 참아야지」
하고 우리집 부처님께선 이렇게 나를
타이르시데, 여전히 만면에 미소를 머금은 채,
「불우 이웃 돕기가 돈만으로 되는 건 아냐」

허영과 소란의 도심을 피해
내일은 어디 가난한 이웃들을 찾아서 나서 볼까.
물이 흐르듯 변두리로, 변두리로……
뉴욕에도 빈민굴이 있던데 서울에 없을라구?
가서 제일 불쌍한 아이 때묻은 발이라도 씻어 주고 싶다.

가슴속의 시냇물

서울의 개천이란 개천엔 이제
똥물이 흐르나니
복개한 그 위에 차들이 질주하며
뻔질뻔질한 차들이 질주하며

연방 시커먼 방귀를 뀌어대니
공기만 더욱 혼탁해질 뿐
뽀얗게 먼지를 뒤집어쓰고
길가의 장미도 티끌로 사위는데

사랑하는 사람아 사랑하는 사람아
어디서 눈을 씻고 숨을 돌리리오
그대 가슴속에
맑은 시냇물이 흐르지 않는다면

술타령

해떨어지면술생각나고
냇가에나가도술생각나고
바닷가에나가도술생각나네
안주도멍게해삼최고라네

흐린날에는
술생각나고
비오는날엔더욱술생각나네
술과물은통하는까닭

물은또인정과도통하는것이라네
물이없는사람
바늘로찔러도진물하나
안나오는사람
어디그런사람이술을마시던가
어디그런사람이술을마시던가

반지성적 경향에 대하여

1

발등에 불이 붙은 줄은 모르고
A는 스스로의 머리칼을 뽑고 있다.

2

시험엔 낙제하고 연애에도 실패하자
C는 하루 아침 급진적 사회개혁파가 되었다.

3

자타가 공인하는 인도주의자
P가 자기집 식모에겐 태연히 학대를 일삼고 있다.

4

평지에 풍파를 일으키지 않고서는 견딜 수 없는
유사분주가(有事奔走家)들 — 저질의 악취미.

5

자기와 같은 지리멸렬의 참여시(?)를 안 쓴다고
K는 다른 모든 시인들을 사이비라 침 뱉는다.

6
타인의 독자성을 존중해 줄 줄 모르는 사람은
자유를 부르짖을 자격이 없다.

7
삶은 우선 자기와의 싸움이다. 자신의 빈곤과
나태에 기인하는 불만의 해결을 다른 데서 찾지 말라.

텔레비는 바보 상자

텔레비는 바보 상자
바보들이 우글우글 좌충우돌함.
누가 더 기발하게
바보짓 잘 하는지 내기도 함.

시장에 가 보니
생화는 안 팔리고
가화만 날개가 돋친 듯 팔림.
사가는 사람들도 얼빠진 사람들임.

하기사 요즘은
골이 비지 않고서는 살 수가 없음.
단추 하나 누르면 열리는 요지경.
바보 상자는 그것을 부채질함.

보라, 저 요녀의 혼 빼는 살풀이를!
목 따로, 사지 따로, 엉덩이 따로
제각기 놀아나게 흔들어대고 있음.
지랄발광하듯 흔들어대고 있음.

습유시편(拾遺詩篇)
(1958~72)

술병은 비었다 사람은 네 사람

술병은 비었다. 사람은 네 사람,
모두 은근히 취하였으나, 그 네 사람의
마음도 비었다. 어둠을 밝히는
촛불 둘레의 안주도 쓸쓸하다.

빈 마음끼리 그대로 흐뭇하던
그 잠시의 취기도 가시자 가슴은 사막.
즈믄 해 두고 비를 기다리는 모래의
갈증이 또다시 서걱인다. 술을 부른다.

어느새 감겼던 네 사람의 눈망울에선
주르르 흐르는 별들이 떨어지고, 그 중의
한 사람은 빈 술병을 기울여 본다.

그런데 어쩌리오, 그 빈 술병에서
한 잔 술이 가득히 부어짐을. 사람은 네 사람,
그 한 잔을 조금씩 돌려가며 마시는 것이었다.

어항 안의 금붕어는

1
어항
안의 금붕어는
금테두리 안경을 쓴 채
물 속에 떠 있다
물만을 마신다
낮이면 맑은 물을
밤이면 먹물을
눈은 늘 열려 있다
그 캄캄한
먹물 속에서도
심심한 대로
꼬리를 치며
그 가녀린 지느러미를
어기적거릴 때도

2
어항
안의 금붕어는

가끔 유리의

장벽을 꿰뚫고

내 열린 눈 속으로

들어와 앉는다

나는 그런 때의

금붕어를 좋아한다

순수현재 속에

있음의 아름다움

다시 금붕어가

그 오색의 꿈을

거느리고 돌아간대도

내 열린 눈은

아무렇지도 않다

   3

어항

안의 금붕어는

나도 방 속에

사로잡힌 수인임은

알지 못하지만
내가 금붕어를
보아 주는 동안만은
참 아름다우니
좋을 수밖에
나를 보아 줄
미지의 어느 곳에
또 하나 다른 눈이
열려 있는 동안은
나도 아름다운
나일 수 있듯이

눈먼 우화(寓話)
−약간 엘리어트 흉내를 내어

모래밭 위에서
전쟁을 뚫고 무성한 도시,
거미줄처럼 얽힌 전선 사이로 어둠이 내리면
즐비한 빌딩의 고단한 이마엔
붉고 푸른 〈네온〉이 켜지는데

큰 길이 싫어, 으슥한 뒷골목을
나는 혼자서 걷고 있었다, 썩은 하수도
냄새와 함께 풍기는 시장기에 밸이 뒤틀리는
욕정의 뒷골목을 〈푸르후록의 연가〉를 외우면서.
오후 일곱시. ─ 하숙 가시지요, 하숙 가시지요.
아저씨 놀다 안 가시렵니까.

통금시간까진 아식도 멀었것다, 또 나는 암행어사,
이도령은 아니니까, 겁내실 건 없구요. ─ 이른 봄
추위가 뼛속을 쑤시더라. 허나 나에겐 피와
살을 살 만한 돈은 없었다. 나는 허수아비,
있는 것이라곤 나의 왼편 호주머니 속에 〈하트〉인 양
들어 있는 증명서, 손바닥만한 시대의 얼굴,

이젠 그것도 때묻고 닳아 주름이 잡혔지만
그것을 잃고서는 살 수가 없는 나, 아니 우리들,
제각기 가슴 속에 녹슨 총알 같은 시대를 넣고
다녀야 하는 기묘한 청춘.

나는 차라리 아무도 모를 깊은 바위 속에
숨쉬는 보석으로 박혀야 했을 것을……

집도 절도 없는 거지처럼
나는 힘없이 걷고 있었다, 으슥한
뒷골목을. 지금 나보다도 불행한 사람이
있을까 하고. 눈을 뜨고 보자, 그러나 아무 것도
보이진 않는다고 생각했었는데

갑자기 한 〈빛깔〉이 들어왔다.
감색의 제복이. 온몸이 전류에 비꼬인 듯,
술에 만취한 공군하사관이 갈 지(之) 자를
놓는구나. (사람이 저렇게 뒤틀릴 수 있을까)
그러더니 저만치 지프차 위에 그는 폭

거꾸러졌다. 하나의 종언인 양, 허나 그것은
하나의 시작. 세상에서도 가장 기막힌
찌꺼기들을 토할 줄 알았더니, 그는 칵
울음을 터뜨리고 있었다.

일이 이쯤 되면 나는 비실비실
스쳐 갈밖에. 에잇, 까놓고 얘기하죠.
시대의 중압에 정신을 못 차리는
나는 이 땅의 엽전 시인이라, 아무리 닦아 봐야
엽전일밖엔 없는 나는 별 수 없이 그날도 띠굴
띠굴 술독에 굴러 빠졌답니다.

목욕탕에서

모두 골똘한 생각에 잠긴 듯,
아니 즐거운 방심에 어리어서
꼼짝 않는 모가지들이 수면에 떠 있구나.

사람들아, 사람들아, 한낮엔 우리를
얽어 놓았던 옷을 벗었으니,
우리 얼마나 홀가분하냐.

더운 물 속에 잠긴 알몸뚱이.
살도, 뼈도, 피와 더불어 녹아서
솟는 것은 이마에 맺히는 땀방울인가.

문득 일어나 때를 씻는다.
그러나 우리 어두컴컴한 뇌장(腦漿)에 묻은
영혼의 때를 닦을 수는 없구나.

흰 두 손으로 가슴과 다리를
씻을 수는 있어도, 그리고 원시의
숲내 어린 아담의 유산까지.   *

흐느적거리는 알몸의 비애,
비누방울 함께 생활의 찌꺼기가
씻겨져 내리는 즐거움을 알기에,

이곳을 찾아드는 우리는 아직도
수줍은 짐승, 모두 제각기
고개를 수그린 채 열심히 몸을 닦고 있다.

가을은 나에게

가을은 나에게
본래의 자기로 돌아가라고 한다.
공부도 아니고
게으름도 아닌
너절한 그런 것은
일체 떼어 버리라 한다.
차라리 나목의 겨울이 갖는
그 알찬 인고를 위하여.
나이 삼십에
이젠 아무 것도 사랑할 줄을
모르게 되었다니.
온통 때가 끼어
눈먼 영혼엔
한 포기 풀잎조차
뵈지가 않는구나.
하나 오늘 가을은
뉘우침을 배우라고
그리고 가난하게,
보이지 않는 틈서리에서
무심히 우는 귀뚜리같이
아주 가난하게 되라고 한다.

이 추위에……
- 노총각한거기(老總角閑居記)

언 동면의 미닫이 사이로
불쑥 내밀어진 흰 청첩장,
설편(雪片)인 양 그것은 녹누나
내 덜 깬 손바닥 위에서.

이 추위에, 먼 시골에서
장가를 가겠다는 행복한 사나이,
감기 안 걸리게 불이나 많이 때고
알토란 같은 살림방을 꾸미게나.

빈털터리라 갈 수는 없고
내 당일 축전이나 쳐 줌세.
그런데 덕택에 낮잠은 다 잤으니
한가한 이몸 딕수궁에나 갈까, 이 추위에.

홀로 어슬렁 오바깃에
두 귀를 묻고 박물관엘 가는 재미,
젖먹이 조카녀석 새말간 눈의
그 티없는 흰자위 같은 백자(白磁)를 보는 재미.

등꽃과 팔목시계

하늘에 주렁주렁
보랏빛 불 밝힌
등나무 꽃송이들.
고개를 쳐들며
그 안에 들어서자
이 몸은 둥실
보랏빛 꽃송이 속으로
꿀벌인 양 빨려 들어갔네.
꽃술에 취하여서
보랏빛으로 온몸이 물들었네.
나는 몰랐었지.
그때 내 팔목시계
바늘은 저절로 정지해 버린 것을.
서점엘 들렀다가
버스를 타고
약속한 장소에 이르러서도
미처 몰랐다네.
그러자 시인이요
샤갈 애호가인 K가 홀연

벽을 뚫고 내 앞에 나타나서야
나는 그 시계가 선 것을 깨달았네.
아 그렇군,
아까 그 등나무 꽃술에 녹은 게야.
태엽을 감아 줘도
이젠 꼼짝도 안 하는 시계.
K가 보랏빛 웃음을 흘리었네.
폐물 다 됐군요,
갈아치워 버리시지.

비애

이 맨 밑바닥의 비애를 아십니까.
주름잡힌 뱃가죽 위에
축 늘어진 유방의 무게를.
미쳐서 죽은 화가,
고호와도 한동안 동서했던 여인.
알몸의 비애밖에 남은 게 없을 때엔
사람은 얼굴을 가리게 마련이죠.
어떠한 옷으로도 이제 이 여인을
감쌀 수는 없습니다. 당신의
눈물처럼 투명한 사랑의 옷이 아니고는.

고호의 교회

지상에선 가장 순결한 땅에
이것은 하늘의 재료로 지은 집.
그러기에 보았지요, 나는 어젯밤도
이 집의 거룩한 유리창마다
날개가 돋혀 드높이 하늘에
발돋움하는 것을. 하늘엔 지금도
천사의 푸른 옷자락들이
빙글빙글 휘말려 돌고 있습니다.

피카소의 닭

지르르 타는 닭의 볏 빛깔이
퇴색하기 전엔 이제 이 닭은
울음을 그칠 수 없을 것이다.
처음 그대로 온몸을 떨면서
울고 또 울고 울 것이다,
세상에 어둠이 없어지기 전엔.

보리밭 위를 나는 까마귀떼

땅은 온통
보리밭 되었어라
황금의 보리밭
이글이글 타오르는
염열(炎熱)의 보리밭
그 강한 향기에
하늘도 취했는가
어지러운 어지러운
백열(白熱)을 뿜어라
이때 느닷없는
죽음의 사자들
불길(不吉)한 새들은
어디서 날아 왔나
보리밭 가운데
파들곤 싶지만
타죽을세라
타죽을세라
염열(炎熱)의 하늘 높이
달아날 수도 없어

간신이 간신이
빈사의 검은
날개를 파닥여라
염열(炎熱)의 하늘과
염열(炎熱)의 보리밭이
서로 보듬고
들끓는 목숨의
도취의 한낮

여름에 시원한 건

― 거품이 넘치는
　맥주 컵 속으로
　알몸의 남녀가 다이빙하는 거지.
― 아이 징그러워.
　맥주가 얼마나 비싼 술이라구.
― 신선 놀음 속에
　비싼 세금을 치르는 줄도
　모르고 치르니까
　나 좋고 나라 좋고
　그야말로 특급 애국자 아니겠어?
― 웃기지 말아요.
　어머, 이 콩국 안에
　파리가 익사했네!
　참 제주도엔 언제 떠나세요?
　한라산에 오르시거든
　돌 하나 주워 오세요.
― 돌은 왜?
― 보기만 해도
　속이 탁 트일 것 같아서죠.

천년을 비바람에

　　씻긴 돌……

— 거 문제 없지.

　　내가 살아 오기만 빌라구.

　　이번엔 기필

　　맥주 컵 속이 아닌

　　백록담 물 속으로

　　다이빙을 할 터이니.

— 원 그럴 수야,

　　말씀만 들어도 속이 떨리네요.

매향(梅香)

봄은 아직 저만치
양지 바른 산골짜기
부풀어 오른
진달래 꽃망울
속에나 깃들어
있는 줄 알았더니

오늘
학교 현관을 들어설 때였다
봄은 느닷없이
내 투명한 갈비뼈 사이로
갓 피어난
홍매화 한 다발을
슬쩍
디밀었다

그래서 지금은
머리 끝에서 발톱 끝까지
내 안에 그득히

차 있는 향기
홍매화 은은한
그윽한 향기

나의 애인(1976~81)

송시(頌詩)

이 완벽한 언어의 예술가,
구름에 달 가듯이 가는 나그네,
목월(木月)의 육십은
곧 한국 신시의 연륜,
소월(素月)의 가능성이
영랑(永郞), 지용(芝溶)의 정련을 거쳐
목월에 이르러선
개화결실하였구나.
비단실 같은 그의 시어가
자아낸 갖가지 보랏빛 무늬,
옥구슬 같은 그의 마음이
울리는 갖가지 청아한 가락에는
눈도 씻기고 살도 풀리나니,
목월의 시로 하여
이제 우리는 영혼의 기갈을
달래게 된 것이다.
찌는 대낮에도
서늘한 달빛 목욕을 할 수 있고,
이승을 하직하고

저승에 갈 때에는
메밀묵 안주에 막걸리 잔을
기울일 수도 있게 된 것이다.
안개로 풀려 버린
산 속에 단좌하여
환히 비쳐오는 임과 하늘을
역력히 볼 수도 있게 된 것이다.
참된 예술은 기어이 시공을
초월하고야 만다는 이치를 깨닫게 하는
이 완벽한 언어의 거장,
「구름에 달 가듯이
가는 나그네」
이 두 줄만으로도
목월은 길이 휘영청 밝으리라.

혀

진흙의 혀, 모래알 혀,
건초(乾草)의 혀, 불길을 뿜는 혀,
석유(石油)의 혀, 가위로 잘린 혀,
제비의 혀, 참새의 혀,
수다스런 혀, 여우의 혀,
2중, 3중, 5중의 혀,
물개의 혀, 피비린내의 혀,
호랑이의 혀, 사자의 혀,
가시 돋친 혀, 늑대의 혀,
길게 늘어뜨린 오뉴월 개의 혀,
그녀의 음모(陰毛)를 핥고 있는 고양이 혀,
흑인(黑人)의 혀, 백인(白人)의 혀,
꿀물이 드는 혀, 아이스크림의 혀,
혀를 먹는 혀, 기름에 튀긴 혀,
달팽이의 혀, 독사(毒蛇)의 혀,
찰거머리 혀, 해골을 빠는 혀,
생(生)의 뿌리를 발기케 하는 혀,
곰팡이의 혀, 반쯤 썩은 혀,
구멍 뚫린 혀, 유황내 나는 혀,

털이 난 혀, 끈적끈적한 정액(精液)이 묻은,

솜사탕의 혀, 물거품 혀,

재로 사윈 혀, 연기의 혀,

금석(金石)보다도 오히려 단단한 혀,

죽어도 썩지 않은 혜현(惠現)의 혀,

홍보석(紅寶石)의 혀, 일편단심(一片丹心)의 혀,

고요의 뿌리인 산호의 혀,

성자(聖者)의 혀, 이기 낀 바위 틈의 물맛이 나는,

구름의 혀, 영아(嬰兒)의 혀,

시인(詩人)의 혀, 찬미의 혀,

장미의 혀, 연꽃의 혀,

빛을 뿜는 혀, 보살의 혀,

본래면목(本來面目)의 혀, 이슬의 혀,

불타(佛陀)의 혀, 일체의 말을 고요로 바꾼,

흐르는 물의 혀, 노자(老子)의 혀,

예수의 혀, 영혼(靈魂)에 불을 놓는,

해의 혀, 달의 혀,

나의 애인

나의 애인은 말이 없습니다.
나의 애인은 공기의 혀와
    안개의 살을 가지고 있습니다.
나의 애인은 이 몸이 아파야
    홀연 바람처럼 나타납니다.
나의 애인의 별빛 눈동자를
    본 이는 세상에 나밖에 없습니다.
나의 애인은 껴안을수록
    아주 속절없이 사라져 버립니다.
나의 애인이 가장 아름답게 빛나는 때는
    내가 홀로 이만치 서서
    바라볼 때입니다.
나의 애인의 목소리를 꼭 한 번
    들은 적이 있습니다. 그것은 이끼 낀
    돌틈을 흐르는 물소리 같았어요.
나의 애인은 때로 한낱
    미미한 향기에 지나지 않습니다.

겨울의 시

남향의 미닫이 창호지 가득히
겨울 따스한 볕살이 들 때의
그 신명난 해맑은 꽃살결이
활짝 피어나는 소리를 들어 봐라.

펑, 펑, 빵, 뻥……
지르르, 지르르……
비명에 간 한국 사람들의
혼이 되살아, 볕살을 타고

창호지에 와서는 마음을 놓나 보다.
살아서 못다 흘린 눈물을 지르르
흘리나 보다. 그러면 보는 이도
삶의 고요한 위안을 얻게 마련.

남향의 미닫이 창호지 가득히
겨울 따스한 볕살이 들 땐
산 이나 죽은 이나 하나의 밝음으로,
꽃피는 창호지의 살결로 스며든다.

하인츠 홀리거

호리호리 가냘픈 그대의 몸매기에
또 그처럼 길고 가는 천상의 악기,
오보에 불어예는 모습이 어울려라.
그대는 현대의 오르페우스!
동서고금을 오보에 하나로,
천국과 지옥을 오보에 하나로,
인간과 금수를 오보에 하나로,
누비고, 꿰뚫고, 취하게 하는구나.
열두 명의 이무지치,
후광(後光)처럼 거느리고, 보아라, 오늘은
서울의 이대 강당 무대에 솟았어라,
반신반인(半神半人)처럼 거뜬히, 칠칠하게.

주 : 하인츠 홀리거 – 스위스 출신의 오보에 연주자. 1977년 11월 이무지치 합주단과 함께 내한.

무제
—松堂 선생께

비가 부슬부슬 내리고 있었어
겨울인데도 아 섣달 그믐인데도

정년퇴직한 노교장의 동무가 되어
둘은 때아닌 창경원을 걷고 있었어

우산을 써도 안 쓴 것 같은
비에 젖는 심정이 나쁘진 않더군

길 가의 벚나무도 촉촉이 젖어
섬세하게 늘어진 가는 가지 끝마다

물방울 맺힌 것이 구슬알 같았어
노교장은 봄에 싹이 튼 것 같다 했지

비가 내리니 만물에 생기가 도는 모양
둥지를 나와 꿩도 공작새도

호젓이 비를 맞고 있었어
그냥 눈감고 후줄근하게 맞고 있었어

세한도운(歲寒圖韻)

소나무 두 그루와 잣나무 두 그루에
덩그렁 집 한 칸,
그밖엔 아무 것도 보이지 않는 속에
역력히 어려 있는 추사(秋史)의 신운(神韻).

권세에 아부하고
이익에 나부끼는 풍진세상의
엎치락뒤치락도
절해(絶海)의 고도, 이곳에는 못 미친다.

일년이 하루 같은 추사(秋史)의 귀양살이,
겨울의 매서움도
그의 가슴 안에서는 봄바람 일게 하고
시들 수 없는 기개를 드높일 뿐.

추운 겨울에
소나무와 잣나무는 돋보이듯이.
도저한 가난에
오히려 가멸[富]이 깃들이듯이. *

보기만 해도 마음 훈훈해지는,
옷깃이 여며지는 추사(秋史)의 얼굴,
군살이라고는 한 군데도 안 남았다.
머리카락도 모조리 빠졌건만.

백설의 나룻에
칠같이 빛나는 두 눈을 보라,
조선의 빼어난 산수(山水)의 정기가
그에게 모여 광채(光彩)를 내는구나.

소나무 두 그루와 잣나무 두 그루에
덩그렁 집 한 칸,
그밖엔 아무 것도 보이지 않는 속에
역력히 어려 있는 추사(秋史)의 신운(神韻).

김창렬(金昌烈)

몽파르나스
그의 아틀리에 잠긴 문을 열어주는
열쇠는 물방울.
물방울 안에 김창렬이 들어 있다.
옛날 겸재(謙齋)는 오로지 산수화에
신명을 보였지만,
오늘의 창렬은
미친 듯 목숨 걸고 물방울만을
그리고 있나니.
그의 작열하는
온몸의 작업에서
세계 안의 한국을 본다.
손을 갖다 대면
당장에 받아낼 듯
하나 물방울은 떨어지지 않는다.
언제까지나 꺼지지도 않는다.
가장 정화된 생명의 결정(結晶),
무심(無心)의 극치기에
있음의 숨은 뜻을 환히 드러내는

고전(古典)이 된 것이다.
물방울마다 빛이 어려 있고
그늘이 있다.
어떤 물방울은
봄비를 맞은 추사(秋史)
의 향기로운 난초 끝에나
맺혀 있음직한
이슬을 떼어다 놓은 것 같고.
어떤 물방울은
천공(天空)에서
홀연히 흘러내린 자국도 역연한 채.
어떤 물방울은
흙내를 풍기고.
어떤 물방울들은
세계의 모든 연잎 위의
이슬이란 이슬은 모조리 쓸어 모아
놓은 것 같다.
여덟 섬 너 말이나 쏟아져 나왔다는
부처님 사리(舍利)도 김창렬이 그린

물방울만큼 많지는 않을라.
1976년에는 온 세계에
물방울을 뿌리며 다녔거니,
금강석보다도 눈부신 물방울을.
메마른 가슴들에 사랑을 심었거니,
잊히지 않는 별을 심었거니.
오오 하나의 물방울 안에
동서고금이 만나서 녹아
원융무애의 법성(法性)을 이룸이여.
물방울 물방울
꺼지지 않는 물방울 방울방울
물방울 방울 속
의 우주의 지구의 프랑스의 파
리의 한 모퉁이 몽파르나스
의 화가 김창렬의
잠긴 아틀리에 문을 열어주는
열쇠는 물방울.
그의 아름다운 벽안(碧眼)의 프랑스
부인도 물방울. 부인이 낳은

두 귀여운 아들도 물방울.
부인이 손수 만든
김치도 불고기도 모두 물방울.
그들이 지껄이는 불어도 물방울.
물방울 안에 김창렬이 들어 있다.

어느 날
—金宗吉 사백에게

용(龍)이 방문을 열고 들어왔다.
둘이선 심심하니
어디 더 좋은 데로 놀러 가잔다.
그럼 우리 수유리 쪽으로 가봄세.
오래간만에 축지법(縮地法)을 쓰니
땀 한 방울 안 흘리고
잘 가꾸어진 김 교수 댁
민화풍(民畵風)의 뜰에 이르렀다.
심심치 않게 까치도 날아오고,
설사 호랑이가 불쑥 한 마리
그 긴 담뱃대를 물고
나타나기로 놀랄 게 없겠더라.
유리창에는 바로 인수봉의
수려한 이마도 들어와 박혀 있는,
그런 희한한 부엌의 식탁에서
우린 꼬냑을 한 잔씩 하고
국수로 점심 요기를 하였다.
날마다 산을 보고 살아서인지
김교수 얼굴은 바위와 같다.

육중한 몸의 그를 앞세우고
용(龍)과 나는 숲의 공채(孔朵)를
찾아가 보았으나 그는 부재중,
술벗들과 약수터로 떠났단다.
숲속 빈 터에서 우리는 잠시
휴식을 취하였다. 오랜 가뭄에
솔들은 말랐으나 하늘바람이 일 때마다
역시 청아한 가락을 울리었다.
김 선생님은 천복을 누리면서 사시네요,
댁 가까이에 이런 숲이 있으니까.
이윽고 다다른 곳, 레인보우 호텔
파라솔 아래 우리는 한나절
맥주를 마셨다. 우리들 말곤
손님도 없었기에 홀가분하게 의자에 앉아.
삼백 평은 실히 되는 파란 잔디
둘레의 숲속을, 순간, 스쳐 간
노란 선(線)은 꾀꼬리였나보다.
장미꽃 아치의 그 유난히 붉던 꽃빛……

가든 파티
—鄭漢模 사백에게

시인의 집 입구엔
오동나무 한 그루가 비스듬하게
기운 채로,
하트 모양의 그 넓은 잎들을
흔들고 있었다.

고대광실로 차 있는 성북동
골짜기에 이런 집도 있었구나.
아담한 단층집
하지만 이백 평의 뜰을 지녔으니,
운집한 손님 수십 명을 삼키고도
여유가 만만했다. (속인이라면
벌써 이 뜰을 황금으로 바꿨으리)

도시의 오염된 공기로 하여
폐벽(肺壁)에 앉은 시커먼 그을음이
말끔하게 씻겨 내린 것은
맥주 몇 컵의 공덕만이 아니렷다.　　　*

그칠 줄 모르는 환담과 웃음 속에
밤은 어느덧 다가왔건만
진한 어둠은 모조리 넝쿨 아래
포도알 속으로나 스미어 버리는 듯,
그제도 정정한 소나무에 눈 주다가,
차츰 그것은 어쩔 수 없이
한 폭의 묵화로 되어간다 생각다가,
하늘을 우러르니, 아으 북두(北斗)
칠성(七星)이 걸렸더라, 일찌기 청마(靑馬)가
신비로운 열쇠 모양에 비유했던.

추억

인간은 도시 어디서 와서
어디로 갈 것인가? 그런 뚜렷한
의혹을 품었던 건 아니었다.
다만 소년의 터질듯한 갈구와 불안으로

나는 이리저리 떠돌고 있었다.
풀꽃을 따서 가슴에 꽂고,
솔밭에 이르면 솔잎을 따서
이빨이 물들도록 질근질근 씹었다.

갈대 우거진 벌판에 이르자
나는 마침내 서걱이기 시작했다
갈대와 하나 되어. 뺨엔 하염없이
두 줄기 눈물이 흐르는 것이었다.

어느덧 눈물 속에 달빛이 스며왔다.
갈대밭이 아닌 드높은 언덕 ―
갈대밭을 언제 벗어났단 말인가.
기이하고도 기이한 일이었다.   *

그 언덕 위엔 허공을 등지고
흰 무명옷의 사내가 혼자 정좌(靜坐)한 채
달빛을 풍기고 있는 것이었다.
달빛을 풍기고 있는 것이었다.

태암(苔巖) 김규영 선생 송(金奎榮 先生 頌)

여기 분단된 나라, 한국 땅에
한 순수철인이 있습니다.
해방 삼십사 년, 줄곧 어지럽고 어지러운 소용돌이,
그 속에서도 하나의 핵처럼
항심(恒心)을 지녀온 김규영 선생.

이제 당신의 얼굴에는
화락이 넘칩니다,
한때의 금빛 우수는 사라지고.
이순의 나이도 실은 물거품처럼
사라지고 없습니다.

시간 속에 태어나서
무시간(無時間) 속에 열매를 맺는
창조의 씨앗이 지니는 업(業)을
당신은 훌륭히 실현해 가졌기에
당신의 삶은 곧 하나의 완벽한 전범.

하긴 처음부터

당신은 무사(無私)에서 출발했습니다.
사물의 한없는 수용을 위해
한 알 모래 속에서 우주의 무게를
감득하기 위해.

진달래 한 송이,
풀잎에 맺힌 이슬 한 방울의 순수를 위해,
당신이 얼마나 자신을 비워야 했던가를
우리는 압니다.
그 지극한 당신의 겸허, 생에의 외경(畏敬)을.

안 보이는 하늘의 별들마저
바르르 떨 만한 당신의 지성을
포근히 감싸는 건 당신의 덕입니다.
이렇듯 지덕(知德)이 갖추어지면
저절로 수화(壽和)를 누리게 마련.

이제 우리 앞에
당신은 아름답고 빛날 뿐입니다.

여전히, 여전히,
그 한결같음, 고요와 부드러움,
변한 것이라곤 아무것도 없구먼요.

그것은 당신이 그 하루하루를 온전히 살아,
늘 새롭게 전신(轉身)을 거듭하여
추호도 찌꺼기를 안 남겼기 때문.
오오 스승이여, 삶의 보람이여,
무상(無常)의 초극자여, 당신을 우리는 찬미하나이다.

늙은 장님의 초상

그는 스스로의 나이도 모른다.
검던 수염이 파뿌리 되기까지
지팡이 하나로 인생을 살아왔다.

봄, 여름, 가을, 겨울,
피부로 느껴지는 계절의 순환이
남겨놓은 자국들이 얼굴의 주름살들.

남루를 걸치고 웅그리고 앉았건만
그는 조용히 꿈꾸고 있다.
누가 그를 감히 불상타 할 것인가.

억만장자한테도 그에게 걸맞을
재물은 없으리라. 내놓자마자
그것은 잿더미로 화하고 말 터이니.

하느님만이 그를 은근히
위로할 수 있으리라. 비단보다 부드러운
해동의 햇살 한 자락으로.

무제

1박2일의 전주에서
돌아온 날 밤,
나의 거처에는 〈죽음〉이
잇따라 찾아왔다.

칠순을 넘긴
사돈댁 할머니의 죽음이 첫째이고,
문상에서 돌아온 나의
지친 귓속에

전화는 둘째 죽음을 전하였다.
동경에 있는 희훈이 죽었다네!
순간 눈앞이 캄캄해졌다
전혀 예기 못했던 죽음은 아니건만.

이국에서 홀로 수십 년 고생 끝에
성공한 사나이, 특히 나에겐
신화적 우애와 후덕을 베풀었던
기적의 사나이도 〈암〉이라는 병마 앞엔   *

한낱 검불이어야 하였던가!
그저께 전주의 덕진 공원에서
보았던 낙일, 유난히 크고 붉더니만,
마침내 서쪽으로 지던 일이 생각난다.

하지만 태양은 또다시 떠오르듯
지금은 허전히 무너져 내린
이 마음 늪에서도 벗이여 이윽고
그대는 피어나리 싱그러운 홍련으로.

백운(白雲) 고 김희훈 형(故 金禧勳 兄) 일주기에

「청산 백운아
할 말이 없다」

그것이 내가, 자네와 제일
친하다는 친구의 하나인 내가 한 말의 전부였다.

조국에 돌아온 자네의 유골 앞에……
지금은 천안 〈망향〉 동산에 잠들어 있지.

그래, 자네의 원고향은 사리원이니까
휴전선 너머 북녘 땅이니까

〈망향〉의 신세는 끝나지 않은 셈.
하지만 어쩌면 자네의 고향은 따로 없었던 것 같기도 하다.

사리원, 신의주, 서울, 동경,……
어디라 못박을 필요가 없으리.

자네는 백운의 마음을 지녔기에

청산이 있는 곳이면 어디든지

꿈과 사랑이 메마르지 아니한
인간의 가슴 속이라면 누구든지

무상출입하였거니,
실로 국경과 인종을 초월해서.

부드럽고 은근하게, 그런가 하면 단도직입으로,
보였다간 안 보이고, 안 보였다간 홀연히 나타나는

자네의 호흡, 자네의 태도, 섬나라 사람에겐
대륙적 기질로 비쳤을지도 모를 자네의 단순,

백운의 무심이여, 백운의 순백이여,
자네는 지금 이 말이 들리는가.

백운아, 자네는 외롭지 않다.
자네를 알아주는 동경 유지들의 일주기 모임.   *

거기에 백운아, 이몸은 못 가네만
자네는 나타나리.

백운은 말하리라, 안 들리는 목소리로,
「살아 생전에 고마웠던 분들, 정말 죽어서도 잊을 수 없나이다」

유지들은 말하리라,
「당신은 정말 그 누구하고도 바꾸어질 수 없는 인간이었어요.
오십 년은 더 살았어야 했을 분이
겨우 나이 오십에 가다니!」

근작시초(近作詩抄)

(1981~82)

폭포

1
하늘에서 지상으로
쏟아지는 한줄기 영원을 보라.

그대의 눈으로 영원이 들어와서
그대 또한 영원의 물기둥이 되려거든.

2
아아! 하고 한 번쯤
크게 소리쳐라.
피와 살의 굴레를 깨고
바로 탈혼(脫魂)의 신생이 이룩되게.

3
처음도 끝도 없는
무시간(無時間)이란 이러한 것이라고,
지칠 줄 모르는 새로운 충족만이
거듭될 뿐이라고,

4
폭포는 다만 증거할 따름.
폭포는 다만 존재할 따름.

5
인간이 자고로 심산을 찾아
폭포를 바라보는 이유를 폭포는
알지 못하지만,
삶에 지친 이여,
그대는 필히 알아야 할 것일세.

6
홀연 경이의
큰 눈을 뜨기 위해,
순백의 염념상속(念念相續)을 보기 위해,
일상의 고달픔을
까마득하게 여의기 위해,
심신이 탈락해서
본래청정(本來淸淨)을 되찾기 위해,

말을 잊기 위해,
생명의 근원은
새삼 물임을 깨닫기 위해,
뇌성벽력의 침묵을 듣기 위해,
시공을 벗어나서
하나가 되기 위해,

여름의 포플러

살랑살랑살랑살랑……
여름의 포플러 아래에 들어서면
잊었던 꿈을 일깨우듯
에메랄드 가루가 떨어진다
시나브로 떨어진다

살랑살랑살랑살랑……
칠칠한 포플러 잎들을 보노라면
그리운 님의 눈짓인 양
은가루가 떨어진다
시나브로 떨어진다

살랑살랑살랑살랑……
시원한 포플러 그늘에 잠이 들면
행여나 잠을 설칠세라
금가루가 떨어진다
시나브로 떨어진다

살랑살랑살랑살랑……

여름의 포플러 아래에 들어서면
꿈꾸는 힘이 사는 힘이라고
에메랄드 가루가 떨어진다
시나브로 떨어진다

손

밥을 먹는 손, 항문을 닦는 손,
염주를 더듬는 손,
자궁 속 태아를 긁어내는 갈고랑이 손,
촛불을 켜는 손, 어둠을 쫓는 손,
잔뜩 성난 남근을 움켜쥔 손,
백옥의 손, 대리석의 손,
소나무 껍데기 손, 버섯이 돋은 손,
꿈꾸는 손, 칠색 무지개를 그리는 손,
수술 가위를 뱃속에 떨군 채
뱃가죽을 꿰매는 손, 화석이 된 손,
거지의 손, 교황이 친구(親口)한 손,
지문이 없는 손, 기계에 절단된 손,
장미의 손, 영아의 고사리 손,
시를 쓰는 손, 구름을 잡는 손,
만지면 모든 것이 황금이 되는 손,
꽃도 거울도 아내의 아랫배도,
할 수 없이 되면 기도하는 손,
언어와 침묵을 일치시키는 손,
물건을 슬쩍하지 않고서는 신명이 안 나는 손,

쇠고랑이 채워져야 차분해지는 손,

신비의 손, 영감이 불붙는 손,

바다를 갈라서 통로를 내는 손,

잔인무도한 손, 예리한 칼로 시체를 토막내는,

헬렌 켈러의 손, 보고 느끼고 말도 하는,

축 늘어진 손, 기능이 마비된 손,

검푸른 정맥만이 드러나 있는 손,

부활의 손, 죽은 이를 되살리는,

치유의 손, 앉은뱅이를 일어나 걷게 하는,

도시를 일순에 폐허로 만드는 손,

악마의 손, 단추를 누르는 손,

모나리자의 손, 천수관음의 손,

안중근의 손, 혈서를 쓰는 손,

부패를 재촉하는 무덤 속 구더기 손,

티끌의 손, 골회(骨灰)를 뿌리는 손,

스스로의 심장에다 방아쇠를 당기는 손,

문둥이의 손, 슬픈 천형(天刑)의 손,

속죄의 손, 눈물을 흘리는 손,

달의 처녀막을 찢은 우주인의 손,

불의 손, 얼음의 손,

찬미의 손, 박수갈채의 손,

평화의 손, 대지를 초록의 노래로 덮는,

늘 일하는 손, 부지런한 손,

로댕의 손, 루빈스타인의 손,

농부의 손, 불구부정(不垢不淨)의 손,

좌선(坐禪)을 하는 손, 피를 맑게 하는,

신선의 손, 무심의 피리를 불고 있는,

천사의 손, 비둘기 날갯짓 소리가 나는,

애무의 손, 자갈밭도 부드러운 융단이게 하는,

사랑의 손, 둘을 하나로 불타게 하는,

무시무종의 손, 보이지 않는 손,

시공이 끊어진 자리에 있기에,

궁극의 부처님 손, 그 위에 삼천대천

세계가 놓인, 흰 연꽃의 손,

무량광명의 손,

밤의 숲 속에서

밤의 숲 속에서
홀로 앉아 있어도
무섭지 않은 나이.

수묵빛 어둠이
차츰
칠흑으로 바뀌어 가더라도,

이 마음 둘레엔
달무리인 양
훤한 기운이 떠도는 까닭.

강물을 이룬
뭇 벌레 소리에서
귀는 오히려 고요를 듣나니,

느닷없이
스윽 스쳐가는
반딧불 하나……   *

어디서 와서 어디로 가는 걸까
생멸이 둘이 아님을 말해 주듯……
시간의 비밀을 말해 주듯……

그 개똥벌레의
비상의 길이보다
더 길 것도 없는 것이

내 인생의
역정이었음을 깨닫고 끄덕인다,
밤의 숲 속에서.

엄지만한 동자(童子)

두 손으론 줄기를 부여잡고
덩굴풀에 걸터앉아
눈 감은 채, 즈믄 해를 일순인 양,
흘려보낸 청자빛 알몸 동자.

어제는 사뿐 연잎에 뛰어내려
영롱한 한 방울 이슬 속에 잠적하데.
이슬과 동자는 하나가 된 것일까,
어느 모로 보든지 이슬일 따름이었으니.

그런데 놀라워라, 오늘 아침 책상 위의
돌을 보니 거기에 동자가
양각된 모습으로 가부좌하고 있네.

얇은 옷도 걸친 단정한 맵시,
있는 듯 만 듯한 미소도 고마워라,
오 아기부처님, 고마워라, 고마워라.

불일암 추억(佛日庵 追憶)
−法頂 스님에게

불일암 별고 없겠지요?
구산(九山) 큰스님도 안녕하시고요?

대나무를 엮어서 만든 샤워장.
(안에서는 밖이 보이지만
밖에선 안 보이는 초현대식!
이 세상에서 가장 운치 있는 목욕간 말예요)
겨울철이라 요즘은 이용이 안 되겠군요.

제가 갔을 땐
소쩍새 울음도 들을 수 있었는데,
빗방울 후두기는
파초 잎도 볼 수 있었는데,

어스름이면 이내 폭 포시시……
소리를 내며, 수십 수백의 달맞이꽃이
하얗게 피어났죠. 불일암 뜰은
삽시간에 달빛바다, 화엄경(華嚴境)이 되더니만.   *

지금은 온통 백설의 바다겠죠?
적설의 무게를 견디지 못해
우지끈 하고 가지 부러지는 소리도 나는.

나뭇내 싱그럽던
뒷간의 틈 사이로 보이던 댓잎,
청개구리나 다람쥐들도
월동을 잘했으면 좋으련만……

스님, 아무쪼록 몸조심 하세요.
방금 저는 재채기를 했습니다.
조계산 계곡물도
천한 이 몸 안에 들어와서는
콧물 눈물로 둔갑하는 모양예요.

참, 자정국사 묘광(慈靜國師 妙光)의 부도비도
잘 있겠지요?

이 마음 못물 위에

이 마음 못물 위에
흰 연꽃 한 송이를 남겨놓고 가셨어요.
님은 떠나신다는 말도 없이,
어디로인가 새가 날아가듯.

그 연꽃은 시들 줄을 모릅니다.
활짝 피어난 채 낮이나 밤이나
그윽한 향기를 뿜고 있습니다.
꽃잎 위의 이슬도 그냥 그대로.

나는 눈 감는 버릇이 생겼어요,
그 황홀한 연꽃을 보기 위해.
나는 시간 가는 줄을 모르고 지냅니다.

때로는 이몸도 그냥 고스란히
한 송이 연꽃으로 피어나는 모양예요.
그러면 나와 님이 하나가 된답니다.

묻노니 시비(詩碑)여

십 년 만에 대하는 조지훈 시비,
화강암에 새긴 비문은 벌써 보이지 않고
정면의 검은 석판에 새긴
「芭蕉雨(파초우)」만이 아련히 남아 있다.

「성긴 빗방울
파초 잎에 후두기는 저녁 어스름」
나는 물었다 동행한 학생에게
이것이 시인의 사후의 영광인가?

먼 뒷날, 세월에 몰라보게 깎이고 닳아
시비에 푸르죽죽 이끼가 낄 때쯤엔
바람이 되어 떠돌고 있을 내가 다시 이 비석을

허무의 혀로 더듬지 않을는지?
묻노니 시비여, 결국 인멸될 돌의 있음이여,
그대는 진정 남기를 원하는가?

촛불

1

너처럼 순수한 삶은 없다
시시각각으로 소멸해 가면서도
시시각각으로 되살아나는

2

삶의 원형식(原形式)
죽음 속의 삶이여

이 명백한 신비를 보라

3

세상의 모든 소음이란 소음은
네 안에 흡수되어 고요가 되나니
세상의 모든 찌꺼기란 찌꺼기는
네 안에 모아져서 기름이 되나니

4

이 아름다운 목숨의 불꽃

이 기적의 변용(變容)을 보고

누가 사랑을 기리지 않으리오

　　5

사랑은 온유한 것

사랑은 말없는 것

사랑은 모든 것을 무한히 받아들여 정화(淨化)하는 것

사랑은 불타는 것

　　6

하나의 고요를 만나기 위해

하나의 따스함을 누리기 위해

세상에서 녹초가 되어

방 안에 돌아온 사람은 찾는다

초 한 자루와

성냥 한 개비면 충분한 의식(儀式)

7
네가 켜지면
방 안은 그대로 사원(寺院)이 된다

침묵의 사원
시인도 부끄러워 말을 잃게 되는

너는 바로 기도
언어와 침묵이 하나가 되는

완벽한 소신공양(燒身供養)
일체의 모순과 갈등이 해소되는

   8
너를 보니 아직도
이 마음 가난한 걸 알 수 있네

실내원예(室內園藝)를 기리는 노래

시멘트 바닥에서
손바닥만한 흙도 없이
새장 속 삶을 산다고들
한탄만 하십니까.

김장 스무 번쯤 하는 동안,
섬섬옥수는 소나무 껍질 되고
검은 머리는 파뿌리 된다고들
슬퍼만 하십니까.

실내에
자연을 끌어들여 보세요.
삶은 다시 장밋빛이 될 겁니다.
당신의 얼굴엔 미소가 떠오르고.

화장실 안에서도
보랏빛 수국을 볼 수 있고,
심산유곡에 앉아 있는 기분이면
얼마나 좋겠어요.　　　*

응접실 천정에
소리없이 떨어지는
초록의 폭포를 걸 수도 있습니다.

한 조각 빵과
한 잔의 우유뿐인 식탁일지라도
그 옆에 베코니아 화분이 놓였다면
어찌 왕후(王侯)가 부럽겠어요.

알맞는 온기와 수분만 유지되면,
당신이 약간의 사랑만 쏟는다면,
실내에서도 자랄 수 있는
별의별 식물이 있음이여.

지상에서 정원을 가꿀 수 없을진대
벽에, 창가에,
침대 머리맡에,
사철 아이비를 키울 수도 있거니와

고목 등걸이나 전기 스탠드,
유리 그릇 속에서도
자랄 수 있는 화초가 있음이여.

공중 아무 데나
살아서 숨쉬는
정원을 매달 수도 있음이여.

애향가

산비둘기는 산이 좋아 산에서
물오리는 물이 좋아 물에서 사노라네
나는 인간이라 집에서 살지만
산도 물도 좋아 이 강산 못 떠나네

한 발 가면 산이 섰고
두 발 가면 물이 쏼쏼……
이 나라 삼천리 금수강산 말고
지구상 어디에 이런 곳 있으랴

금성인도 이곳에서 살고 싶어하고
토성인도 이곳에서 살고 싶어하네
동포여 이 땅에 태어난 기쁨
우리 햇살처럼 펴면서 살아가세

해변 시인학교 소묘(海邊 詩人學校 素描)

1 인구 초등학교

아이들은 방학이라
천상의 고향으로 귀향한 모양……
지상의 교사는
잠시 시인학교로 둔갑하고.

청결한 마룻바닥,
천사들의 발바닥 냄새가 난다.
우리는 거기서 사흘을 잤다.
일과가 끝나면 오체투지하듯……

2 강의

전국에서 모인
삼백의 눈동자, 삼백의 귀 앞에서

시인들은 모두가 청산유수더라,
얼지도 않고, 떨지도 않고.   *

시인의 마음과 독자의 마음은
원래 하나여서 호흡이 맞는 까닭.

3 죽도 해수욕장

바다는 새벽마다
태양을 토해 낸다.

백열하는 태양이
중천에 이르면

기다렸다는 듯이
바닷가 사람들은

배구를 한다
태양을 가지고.

4 환상

나는 한낮의 바닷가에서
홀로 서 있었다.
화상을 입은 알몸을 식히려고
오존내 풍기는 해풍에 머리칼을
해초처럼 날리면서.
그때 공중에서 백금의 섬광 함께
해상에 내린 비행접시 하나,
잠시 꿈처럼 그렇게 떠 있더니
어디로인지 사라져 버리더라.
무한한 기대와 친화의 감정으로
불타는 이몸만을 홀로 남겨놓고……

청학동 사람들을 기리는 노래

청학동 사람들은
현대의 고대인들,
흰 옷을 입고 산다.

해발 팔백 미터
지리산 품의
정기에 묻혀 산다.

이목구비 청수한
총각 처녀들
모두 길게 머리를 따 내렸다.

어른이 되면
상투 틀고 갓 쓰고
여인들은 쪽 찌고.

감자, 옥수수, 산나물, 약초 따위
정결한 식량에서
어찌 허약한 체질이 나오랴.   *

유·불·선 삼교에
동학·서학을 하나로 꿰뚫는
슬기를 지녔으니

바로 천지신명도(天地神明道)에 이르렀네.
눈 맑고 귀 밝으니
입은 절로 뚫려 청산유수로세.

그들은 나날이 경건해지며
새로워지는 신앙의
정복(淨福)을 누리고 있다.

동방예의지국
백성의 후예답게
유유자적한다.

시공에 살면서도
시공이 끊어진 자리에 있는
청학동 사람들은   *

더러 안 보이는 경우가 있다.
그때는 학이 되어
공중을 드높이 날고 있기 때문.

속초 2박 3일

겨울 동해와
개골의 설악 사이
티끌 하나 묻지 않은 알몸의 여신,
속초시는 누워 있다.
두 팔로는 두 개의 거울 같은
호수를 끌어안고.
(이곳에서 시인 묵객이 안 나오면
어디서 나오랴)

물소리로 시작되는
다방 다락에서의 「물소리 시낭송회」,
동해의 물소리는 바위에 부서지고
설악의 물소리는 얼음에 덮였건만
시인의 물소리는 가슴에서 가슴으로
이어져 끝이 없다.
소란한 시대에 고요를 일깨우는
어지러운 마음에 핵(核)을 잡아주는.

말에 미친 사람,

시인은 무당이기도 하다. 말 하나 하나가
발성이 될 때마다 그 속에 숨어 있던
혼령이 튀어나와 열기를 뿜나니,
때로 물소리는 활활 타오르는
불길이 되어 청중의 가슴에
불멸의 상처를 찍기도 한다.

티끌 하나 묻지 않은 알몸의 여신,
속초시를 품에 안고
이틀 밤을 세웠건만
왜 이 내 심신은 이리도 상쾌한가.
금싸라기의 햇빛이 쏟아지는
이 조용한 아침의 나라,
그 중에서도 제일 아름다운 바다와 산의
정기(精氣)를 담뿍 마셔서 일 것이다.

이곳에서 한 십년 살다보면
누구나 금심수장(錦心繡腸)이 되리.
흘러서 끝이 없는

물소리 되리.

주 : 물소리 시낭송회 – 속초시에서 1980년 9월부터 열리는 월례 시낭송회. 이성선, 최명길, 이상국 시인 등이 주동임. 필자는 그 다섯번째 모임에 초청을 받았다.

나의 아들은……

나의 아들은 바람의 근원이다.
나의 아들은 달빛 위에 올라 결가부좌한다.
나의 아들은 축지법을 쓴다. 발자국을 안 남긴다.
나의 아들은 유계(幽界)를 넘나들며
          예사로 노자(老子)의 수염을 만진다.
나의 아들의 손바닥엔 은하수가 흐른다.
나의 아들은 산상으로 타오르는 불이다.
나의 아들의 방뇨는 그대로 폭포가 된다.
나의 아들이 통곡하면 하늘이 무너진다.
나의 아들은 손가락 끝에서 무지개를 뿜는다.
나의 아들 가슴 속엔 여의주가 들어 있다.
나의 아들의 눈빛은 사람을 살고 싶게 한다.
나의 아들의 주식은 이슬과 은행과 호도다.
나의 아들은 어린이들을 제일로 좋아한다.
          지상의 꽃보다도, 하늘의 별보다도.
나의 아들이 앉았던 바위에선 불로초가 돋는다.
나의 아들은 별들을 꿰어 목걸이를 만든다.
나의 아들의 술벗은 이태백(李太白)과 김단원(金檀園)이다.
나의 아들은 곧잘 풀잎 속에 들어가 숨는다.

나의 아들의 손길이 닿으면 사나운 말도 유순해진다.
나의 아들의 옷은 천의무봉(天衣無縫)이다.
나의 아들은 장밋빛 발바닥을 가지고 있다.
   바다 위를 걸어도 젖는 법이 없다.
나의 아들이 악기를 타면 호랑이도 눈물을 흘린다.
나의 아들은 신비의 열쇠인 북두칠성으로
   또 하나 다른 우주를 여닫는다.
나의 아들은 용광로 속에서도 태연히 잠을 잔다.
나의 아들의 손톱은 귀갑(龜甲)이다.
나의 아들은 용의 생식기를 가지고 있다.
나의 아들은 지상의 여인과는 동침을 안 한다.
나의 아들의 그림자는 은은한 물빛이다.
나의 아들의 둘레엔 언제나 라일락 꽃내음이 감돌고 있다.
나의 아들은 자면서도 곧잘 미소를 짓는다.
나의 아들은 황금의 목청을 지니고 있다.
나의 아들의 노래를 듣는 이는
   누구나 다 동심으로 돌아간다.
나의 아들은 어떠한 벽도 거뜬히 투과한다.
나의 아들 안에서는 천국과 지옥이 하나로 되어 있다.

가슴 속의 시냇물

나의 아들의 시선은 빛보다도 신속하다.

나의 아들에겐 국경과 인종도 장벽이 못 된다.

나의 아들의 언어는 사랑이다.

나의 아들의 마음은 시공(時空)이 끊어진 자리에 있기에

    염증을 모른다.

나의 아들은 구원의 청춘이다.

즉흥적 각서(卽興的 覺書)(1964~82)

  1

종말은 없다. 시시각각 새롭게 시작하라.

  2

나무엔 꽃이 피는, 눈엔 눈물이 솟는 소리.

  3

회복기의 환자처럼 인생을 살 일이다.

  4

마치 누에가 뽕잎을 먹어가듯 책을 읽는 사나이.

  5

무화과 잎에선 이브의 비뇨기 냄새가 난다.

  6

고아의 기도는 대낮의 촛불이다.

7

불란서어처럼 내리는 비여.

8

별의 고요와 맑음이 깃든 눈의 아름다움, 선미(線美)의 극치.

9

바다는 칠면조, 시시각각 빛깔을 달리한다.

10

누가 신의 투시를 견뎌내랴, 사람 중에서는 성자와 영아만이.

11

기적이 아닌 현상은 없다. 만상이 신비다.

12

냇가에서 온종일 귓속에 울리는 물이건만 습하지 않네.

13

연인들에겐 서로의 얼굴이 더없는 천국이다.

14

꽃을 먹는 벌레. 벌레를 먹는 꽃.

15

손오공이 제아무리 날뛰어도 그건 다 부처님 손바닥 안의 일.

16

포플러는 시인. 소나무는 철학자.

17

자기 내부의 음악이 고갈하면 외부의 음악은 한낱 기계적 소음이 된다.

18

도인이란 육이 도화(道化)하여 걸릴 것이 없는 사람.

19

예술은 사람들을 정화하나 고독하게 만드는 것.

20

사람들을 하나로 통합하는 것은 종교가 있을 따름.

21

영감이란 정신의 백열에서 홀연 되살아난 기억의 번갯불.

22

미의 사제들아, 자기집중하라, 집중하라, 집중하라.

23

둥둥 솟아 공중에 떴다, 기러기 모가지의 백자제주병이.

24

채우고 넘쳐 뚝뚝 떨어지는 참과 아름다움, 그것이 멋이다.

25

마흔 살이란 요람과 관이 더불어 뵈는 나이.

26

장미를 찾는 꿀벌의 뱃속에도 죽음이 들어 있다.

27

솔잎에 찔린 저 반달의 창백한 얼굴.

28

창부의 자궁은 독사의 소굴이다.

29

살얼음 밑을 흐르는 물처럼 살고 싶다.

30

이차돈 잘린 목에선 지금도 젖빛 피가 솟구친다.

31

도시의 소음을 일순에 잊게 하는 꾀꼬리 소리.

32

복사꽃 피면 홀연 그 일대는 선경이 된다.

33

시는 신비다. 그러나 장미처럼 명확한 신비다.

34

알몸의 비를 제일 좋아하는 건 알몸의 산천초목.

35

하나인 물이 얼면 번뇌이고 녹으면 보리니라.

36

종이 한 장 사이의 지옥과 천국.

37

장 주네는 똥오줌까지 장미와 보석으로 바꾸어 놓다.

38

돌이 피운 구름, 구름이 낳은 학.

39

턱이 떨어져도 바보는 여전히 웃고 있다.

40

가장 아름답고 신비롭기 그지없는 별이 지구다.

41

신라토기에서 연꽃이 솟고 연꽃 속에서 불탑이 솟다.

42

안개 자욱한 산천을 헤매다가 안개로 풀린 사람.

43

안경을 쓴 용에 올라탄 동자를 보았는가.

44

오늘날에도 취한은 밤마다 축지법을 쓴다.

45

여름의 계곡에는 구석구석 반인반수들이 널려있다.

46

모국어를 여읜 시인은 물을 여읜 물고기.

47

한국인의 얼은 한국어.

48

누가 이 한반도, 아시아의 음경을 둘로 갈라 놓았는가.

49

백두산 천지 물을 한라산의 백록담에서도 마실 수 있다.

50

멀리 흐르는 강물을 보면 두고 온 고향 생각이 난다.

51

보라, 저 바다 위에 타는 불을.

52

눈물을 흘리는 목각의 마리아 상.

53

불의 웨딩 드레스 입고 승천한 신부.

54

콧구멍 속으로 들어간 코끼리가 감쪽같이 항문으로 나오다.

55

음악을 듣는 식물. 명상에 잠긴 새.

56

선사(禪師)는 안 보이고 지팡이만 걸어온다.

57

나비가 키스한 땅을 파 보아라, 샘이 솟으리니.

58

빛과 어둠의 사이가 바로 시인의 주소다.

59

즈믄 해 묵은 토기에서 초록의 물잔디가 자라다.

60

백 가지 풀이 저마다 부처님 냄새를 뿜고 있다.

61

화가의 귀엔 화선지의 숨소리도 들리게 마련.

62

농부의 얼굴은 흙빛이고 도시인의 얼굴은 시멘트 빛이다.

63

눈에 불을 켜고 녹색의 표범이 어둠 속을 날아가다.

64

돌베개하고 한 오백 년 잤더니 온몸에 푸른 이끼가 돋다.

65

가화는 생화를 닮고 생화는 가화를 닮는 시대.

66

금성인의 손바닥엔 손금이 없다.

67

인간은 모두 우주를 항해하는 지구호의 선원이다.

68

도처에 우주의 중심이 있다.

69

시인은 움직이는 언어의 사원.

70

서예의 맛은 공간구성의 묘에 있다.

71

추사 이후의 난초는 저마다 그의 예서를 닮게 마련.

72

전쟁은 죽음만도 못하다. 죽음보다 더 검다.

73

악마처럼 검은 데다 지옥의 불길처럼 뜨거운 것이 커피 맛이라니!

74

길에서 태어나서 길에서 죽은 석가. 생사일여.

75

십자가는 전화위복의 상징. 생명의 비의.

76

역사상에 나타난 가장 완벽한 인간은 석존이다.

77

거꾸로 놓여도 불두는 미소를 멈추지 않는다.

78

시인은 이미지 사냥꾼이다.

79

염주처럼 이미지도 꿰어야 보배가 된다.

80

긴 겨울잠에서 깨어난 선녀들이 일제히 방뇨한다. 봄비.

81

한 방울 이슬 속에 투명한 동서고금의 만남.

82

야산이 많아야 금강산이 돋보인다.

83

한 잔 술 속에서 달처럼 떠오르는 태백의 얼굴.

84

일행시는 시의 알파이자 오메가다.

85

이목구비마저 마모된 석불이 여전히 웃고 있다.

86

겨울 설악의 비선대 물을 위장에 담아 서울로 가져오다.

87

사람은 맨발로 대지를 밟고 서야 비로소 마음 든든해진다.

88

공중에서 소리없이 떨어지는 황금빛 폭포. 만개한 개나리.

89

지구 변방의 장미 한 송이가 은하계 밖의 우주인을 불러내다.

후기

  이 시집은 나의 일곱 번째 시집으로 모두 5부로 구성되어 있다. 1부(76-80)는 14행시만을 모은 것이고, 2부(74-82)는 풍자시편, 3부 습유시편은 58년에서 72년에 걸쳐 쓴 것들인데 버리기 아까워서 이번에 수록하기로 한 것이다. 4부(76-81)는 시인, 예술가, 존경하는 분들에 대한 송시, 또는 친구의 죽음에 관련된 추도시 등이 그 주내용을 이루고 있다. 5부(81-82)가 비교적 근작시편이나 그 중 마지막 〈즉흥적 각서〉만은 예외로서 64년에서 82년에 이르기까지 18년 동안에 써 모은 것들이다.

  아직 이밖에도 「라일락 속의 연인들」「한 방울의 만남」「시인아 너는 선지자 되라」「신향가집」등 4권의 미간시집이 있다. 이번에 뜻밖에 홍성사 사장 李在哲님의 호의에 의해 이 시집이 햇빛을 보게 되니 기쁘기 짝이 없다. 물을 만난 물고기의 심정인 것이다.

  시인이 되도록 저주받았다는 나의 지금까지의 오랜 자탄이 시인이 되도록 축복받았다는 감사와 희열로 바뀌게 되자면 나는 아마 죽을 때까지 신명을 다해 쉴 새 없이 정진해야 할 것이다.

1982년 6월 水然 朴喜璡

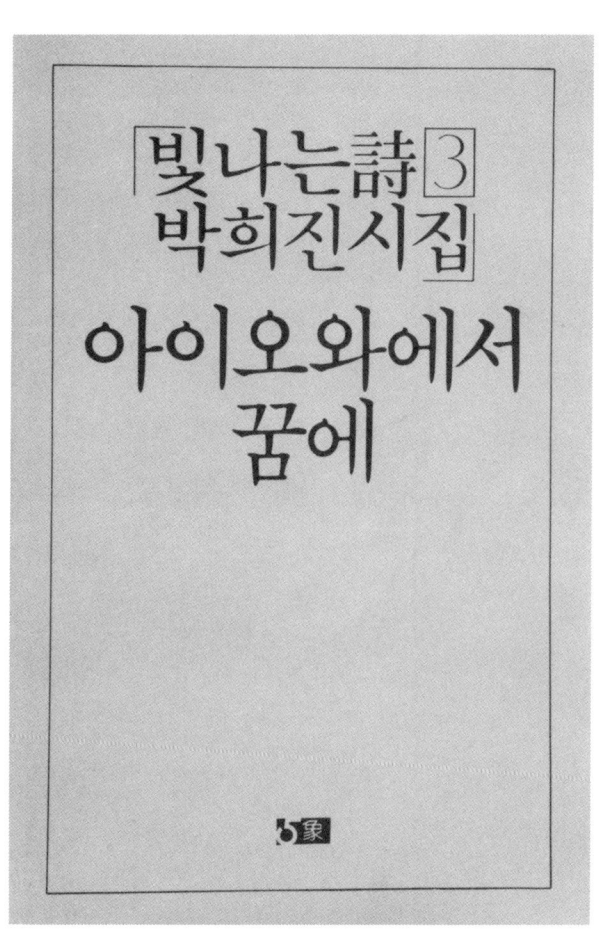

아이오와에서 꿈에 · 1985

시집을 내면서

　시에 뜻을 둔 지는 어언 40년, 시단에 나온 지도 만 30년을 헤아리게 되었다. 실로 적지 않은 세월이 흘렀지만, 그 30년이 한 순간으로 느껴지기도 한다. 오직 시신(詩神)만을 지성으로 섬겨 온, 지독한 외곬의 인생인 까닭일까.

　외모로 보아, 홍안미소년이 초로의 반백으로 바뀌었다. 하지만 내면의 변화는 우심하다. 심신이 많이 둔중하게 굳어져 있고, 기력이 쇠해서, 집중력이 형편없이 약해진 게 사실이다. 다만 아직 시작(詩作)을 향한 집념 하나만은 여전히 살아 있다. 늙는다는 일이, 인간에겐 불가피한 것이라 하더라도, 제발 시작을 단념할 정도로는 늙지 않게 되었으면 하는 것이 내 최대의 바람인 것이다. 왜냐면 시작을 통하지 않고서는, 나는 내 정신의 자유와 성숙과 행복의 길을 달리 모색할 방도가 전혀 없기 때문이다.

　「시인이란 결국 살아서 남는 자라 정의할 수도 있지 않을까요? 데뷔 당시에는 수십 명의 동세대 시인들이 들끓었을 터이지만, 시간의 도전을 극복하기란 어려운 일입니다. 그러니까 수십 년을 시종 시인으로 살아서 남는 자가 일단은 시인으로 성공하게 되는 것 같아요」 우연한 자리에서 들었던 어느 문학 청년의 젊은이답지 않은 술회였지만 잊히지 않고 있다.

　그러나 좋은 시란 시인의 연공과 반드시 정비례하지는 않는다. 어떤 의미에서 권위있는 시인이란 죽을 때까지 시의 아마추어라는 점에 시가 지니는 무한한 어려움과 매력이 있다. 시는 편편이 새로운 백지의 출발이자 유일회성(唯一回性)의 완성도를 요구하는 것이기 때문이다. 편편이 새로운 시를 쓰자면, 시인은 언어의 연금술사(鍊金術師)이기에 앞서, 인·사·물 현상의 실상에 대한, 번번이 새롭고도 투철한 인식과 그것의 긍정에 직결되는 부단한 자기혁신, 즉 정신의 연금술사이어야 마땅하다. 이때 정신이 곧 언어로 직결되는 사람이 시인이고, 색채로 직결되는 사람은 화가이다.

  내가 과연 부단한 자기혁신, 그것을 통해서 수십 년 동안 편편이 새로운 시만을 써왔는지 그것은 내가 아무리 오만한 사람이라 하더라도 전적으로 긍정할 순 없으리라. 그러나 나름대로 애는 써왔다고 자부할 수는 있다. 그 성과 중 일부는 알맞게, 일부는 비록 때늦게나마(후기 참조) 여덟 번째 시집으로 묶을 수 있게 된 것, 어쩐지 그 일이 이번엔 각별히 기쁘고 고맙다는 생각이 들어 자축의 술잔이라도 들고 싶은 심정이다.

  나는 계속 앞으로도 쉬지 않고 정진할 것이다.

1985년 여름에 水然 朴喜璡

차 례

시집을 내면서

제1부 근작시편(近作詩篇)(1982~1985)

자화상 / 271

플라스틱 시대 / 272

똥 이야기 / 274

해가 공중의… / 276

안시(顔施) / 277

적빈도인송(赤貧道人頌) / 278

어느 고결한 독신자의 죽음 / 279

청자상감모란운학문(靑磁象嵌牡丹雲鶴文) 베개 / 280

청자음각화훼문탁잔(靑磁陰刻花卉文托盞) / 284

백자 큰 항아리 / 285

나의 근황 / 290

장마철에 시골에서 / 292

흙·물·불·바람 / 294

내 안의 흙이 향기로운 대지의… / 297

마로니에 조각공원에서 / 298

모럴 / 300

로마의 포르노 극장 / 301

사해(死海) / 302

간디 인도수상 피격 절명 / 303

여수(旅愁) / 305

초겨울 잡목 숲 / 307

즉흥적 단편(卽興的 斷片) / 308

즉흥적 각서(卽興的 覺書) / 312

제2부 아이오와 시편

김 형 / 319

상항(桑港) / 320

자동판매기 / 322

인터내셔널 라이팅 프로그램 / 324

아이오와 숲 / 327

미시시피 강 / 329

눈동자 / 330

아이오와에서 꿈에 / 331

후기를 대신해서 / 334

아이오와 수기 / 342

＊ : 다음 쪽에서 연이 바뀜을 나타내는 표시

제1부
근작시편(近作詩篇)

자화상

하늘 아니면 땅만 보고 걷는 사람.
유월이면 장미의 마스크를 쓰는 사람.
가스와 소음이 제일로 싫은 사람.
가슴속에 시냇물이 흐르는 사람.
시정에 살면서도 보이지 않게 사는 사람.
저녁이면 금성과 통신하는 사람.

플라스틱 시대

바가지에서
식기, 전화, 배, 자동차에 이르기까지
플라스틱 아닌 게 어디 있나?
심지어 우리 인간들까지도
플라스틱으로 교체되어 간대.

플라스틱 공장에서 양산된
플라스틱 남녀가 만나
즉석 연애 시험에 합격하면
플라스틱 가정을 갖게 되지.
플라스틱 자가용 타고
플라스틱 직장에 출퇴근을
플라스틱 시계만큼 정확하게
반복할 따름이지, 싫증도 안 내고.

고뇌에 얼굴이 이지러지거나
늙어서 이가 빠지는 일도 없이
구원의 청춘을 누리게 되지.   *

그들의 눈엔
지는 해, 뜨는 해도 플라스틱
공으로 보일 테지.

보라, 저 교회의 첨탑
그 꼭대기의 플라스틱 십자가에선
아직도 기적의 선혈이 흐르건만,
그들은 말하리라
그것은 붉은 네온사인에 지나지 않는다고.

똥 이야기

1

인도에선 웬만한 사람보다
소가 더 대우 받고 신성시된다.
쇠똥은 말려 땔감으로 쓰고.

2

김이 모락모락 이는 말똥.

3

개똥에 관한 시
다시 보니
개똥같아
삭제키로 함.

4

닭똥은 또 얼마나 훌륭한
거름이 되는가.

5
토끼똥, 쥐똥은 차라리 정결하다.

6
파리똥은 너무 작고 메말라 있어
귀엽기까지 하다.
모기똥은 투명하고.

7
만물의 영장이란 인간의 똥만이
불결하기 짝이 없다.
가장 지독한 구린내를 뿜는다.

해가 공중의……

해가 공중의, 늘, 불타는 홍련(紅蓮)이라면
달은 공중의 싸늘히 숨쉬는 백련(白蓮)일 것이고,
해와 달 그밖의 별에서 보면
지구는 공중의 가장 환상적인 청련(靑蓮)일 것이다.

가장 아름다운 청련 속에 사는
우리 인류가, 밤낮, 갈라져 싸움이나 한다면
어느 별이 지구를 굳이 서방정토라 하랴?
어느 별이 지구를 대우주가족의 일원으로 대우하랴?

안시(顔施)

팔순이 넘었건만
그분의 용모는, 아직도 고운
침묵의 꽃이어라.

다만 이젠
기력이 쇠하여서
겨우 의자에나 앉아 계실 따름.

그래도 미사를 집전하실 때엔
기적의 힘이 솟아
본래의 신부님이 되시지만,

머지않아, 자리에 누우신 채,
꼼짝도 못하실
날이 올 것이다.

그러면 그분은 얼굴만 보이시리.
그리고 남으시리, 언제까지나,
미소하는 침묵으로.

주 : 안시 — 법시나 재시가 아닌, 말없는 얼굴 표정만으로도 보시가 되는 경우를 말함.

적빈도인송(赤貧道人頌)

태양은 옷을 입지 않습니다.
풀잎도 옷을 입지 않습니다.
새도 옷을 입은 건 아니지요.
(굳이 입었다면 일년 열두 달 단벌이죠)

그렇듯 성 프란치스코도 평생 맨발에
누더기 단벌을 걸쳤을 따름. 그는 기꺼이
걸식을 하였지요. 한 조각 빵을 돌상에 얹어놓고
도반(道伴)과 나눌 때 태양은 황홀하여 걸음을 멈추었죠.

그가 설교하면 새들도 모여들어
우짖지 않았고, 풀잎들도 한껏 발돋움하여
귀 기울였지요. 그의 도저한 가난의 극치는

평생에 세 번 — 태어날 때와 생부(生父)의 것을
생부에게 돌려줄 때, 그리고 마지막 이승을 하직할 때,
그는 정말 실오리 하나 걸치지 않은 알몸이었어요.

어느 고결한 독신자의 죽음

오십을 넘기자 그는 차츰 일체의 색정을 여의었다.
꿈속에서도 푸른 가을 하늘, 낙엽이 휘날리고
새들이 우짖었다. 콧구멍으로 들어간 구름이
항문으로 빠질 무렵에야 잠에서 깨어났다.

그가 늙어도 늙지 않았던 건 늘 마음이
가난했기 때문이다. 그는 다만 소녀들을 좋아했다
별들을 바라보듯, 꽃들을 사랑하듯. 그런데 어느 날,
집에 돌아와서 자리에 눕자 그는 숨졌다.

그의 데스마스크, 죽음의 냄새라곤 조금도 안 났다.
이마의 주름살에선 졸졸 시냇물 소리가 들리고,
흙내 나는 자줏빛 입술 언저리엔 나비가 날았다.

바위보다도 굳게 닫힌 눈꺼풀 속에서도
그의 두 눈은 여전히 푸른 하늘, 반투명의
나뭇잎들이 짜내는 무늬들을 응시하고 있는 것이었다.

청자상감모란운학문(靑磁象嵌牡丹雲鶴文) 베개

1
누가 감히
이렇게 고귀한 청자 베개를 벨 수 있으랴?

구중궁궐의, 섬섬옥수의
공주거나
아직 여색을 알지 못하는
별빛 이마의 귀공자가 아니고는.
또는 운학(雲鶴)과 더불어 노닐 만한
신선이 아니고는.

2
번뇌망상으로
마음이 죽 끓듯 물 끓듯하는
속인(俗人)이 그것에 머리를 둔다면
곧 그의 두개골은 깨지고 말리,
석류 터지듯이.

3

하지만 이 청자 베개에 어울리는 사람이
휴식을 청한다면
사정이 달라진다.

모란꽃 무늬 위에 머리를 두어 봐라.

심신이 한없이 유연해지리.
이 세상에서
가장 아름답고
가장 부드러운 비단에 싸인 듯
넋을 잃은 채
모란, 모란, 모란, 모란……
붉고 황홀한 밝음이 되리.
투명한 잠이 되리.
없음과도 같은
천지에 그득한 있음이 되리.
아무 것도 바랄 게 없어지리.   *

운학(雲鶴) 무늬 위에 머리를 두어 봐라.

순간,
깃털보다 가벼워진 심신은
두둥실 뜨리.
지상의 영욕을 아득히 여읜
백운(白雲)의 높이에서 비상하는
백학(白鶴)이 되리.
아무 것에도 물들 수 없는
고요와 평화의 흰 빛 하나로
어우러진 운학(雲鶴)은 벽공을 수놓으리.
벽공엔, 하지만, 아무리 수놓아도
흔적도 안 생기리.

청자상감모란운학문(靑磁象嵌牡丹雲鶴文) 베개

그대가 세상에 있게 된 지도
이미 팔백 년의 세월이 흘렀거니,
두 개의 왕조(王朝)가 부침하는 사이

그대는 어디를 떠돌아 다녔는가?
땅 속 깊숙이 파묻혀 있었던가?
그 몇 사람이나 그대를 베었던가?
하지만 지금은, 국립중앙박물관
유리 상자 안에 밀폐된 그대.

완벽한 아름다움,
그것과 더불어 속인(俗人)은 살 수 없다.
이만치 떨어져서,
그저, 잠시, 넋 잃고 바라보다
떠나면 되나니.

청자음각화훼문탁잔(靑磁陰刻花卉文托盞)

여덟 개의 청자 꽃잎으로
물샐틈없는 꽃잔을 이루었네.
너무도 완벽하여
사람의 솜씨라곤 믿어지지 않는구나.

천상의 감로도 감히 담기기를 꺼릴 지경이니,
지상의 술이 어떻게 근접하랴?
귀신도 눈물을 흘리지 않곤 그대를 못 보나니,
보는 것만으로도 더없는 복락일세.

아무 것도 담기지 않았기에
충만해 있는, 황홀한 꽃잔.
실은, 투명한 고요가 담겨 있네.

궁극의 고요, 신의 단순성, 삶의 끝이자
시작인 핵, 가장 아름다운 무성의 가락이.
그 고요 마시면 늙지 않으리.

백자 큰 항아리

1
한국의 얼을 묻는 이에겐
묵묵히 가리키리,
백자 큰 항아리.

2
그 흰 빛깔은 어디서 나왔을까?
한국 사람들이 즐겨 입는 흰 옷?
혹은 아낙네의 젖가슴에서일까?
혹은 우리 귀여운 갓난아기들의
이쁜 눈 흰자위?
혹은 들의 찔레꽃 빛깔에서?
또는 한국의 창호지에서?
또는 흰 차돌이나 진주에서?
아니면 용의 여의주에서일까?

3
온갖 사물의 빛깔을 삼키는
칠흑의 어둠도

백자의 빛깔은 지울 수 없나니.

지척을 분간 못할 어둠 속에서도
저만치 홀로 달덩이처럼
둥굴게 빛나는 것.

   4
항아리 안에서는
일체의 것이 용해되고 만다.
꽃도, 짐승도, 빌딩도, 수소탄도,
에베레스트도, 북극도, 남극도.

아니, 저 항하(恒河)의 모래만큼
많은 우주가 쏟아진다 하더라도,
항아리 안은
늘지도 않고, 줄지도 않으리라.

항아리 안은
삼라만상의 끝이자 시작인 곳.   *

항아리 안은

무궁무진한 신비 그 자체.

   5

도시의 소음과 혼탁에 오염되고,

눈먼 사랑과 미움에 시달려서,

어지러운 국내외의

각종 정보의 홍수에 떠밀려서,

제행무상(諸行無常)의 허무감에 짓눌려서

기진맥진한 사람은 오라.

다시 삶의 고요한 중심을

찾고자 하는 이는

이곳에 오라.

국립중앙박물관

백자 전시실에.

쇳가루가 자석에 이끌리듯

그대의 발길은

백자 큰 항아리,

그 앞에 멎으리라.

6

항아리처럼 속을 비워야,
삶의 모든 찌꺼기를 말끔히 소화해야,

항아리처럼 시공을 벗어나야,
심신을 더불어 탈락시켜야,

항아리처럼
적멸위락(寂滅爲樂)해야,

항아리처럼
어둠 속에서도 빛을 뿜어야,

항아리처럼
공중에 둥실 떠야,

그대는 비로소

맑은 눈과 바른 호흡으로 되돌아가리.

유무(有無)가 상통하는
진공묘유(眞空妙有) 되리.

항아리와 하나 되어
그대의 안에서도

마침내 우주의 근원적 파동이자
창조의 울림인

오옴, 오옴……
소리가 나리.

나의 근황

이사가 싫어,
복잡한 수속절차라곤 죽어도 싫어,
십삼 년째 사는 십오 평 거실.

북창을 열면 그래도 녹지대에
산비둘기 날아오고
여름엔 매미가 우는 맛이 좋더니만,

어느 날 초록은 꿈처럼 사라지고
빈 자리에 새롭게 들어선 건
초현대식 고층 호화 맨션 아파트.
나 보기엔 차라리 거대한 감옥 같다.

밤이면 나트륨등의 불길한 황색
광선이 나의 침실이자 서재이기도 한
거실의 북창을 온통 물들여서,
지옥의 해바라기 빛깔로 물들여서
나는 숙면을 이루지 못한다. *

그렇다고 이제 와선,
직장도 그만 두고 시만 써서 살기로
작심한 이제 와선
도저히 이사갈 형편이 못 되누나.
나는 이 십오 평 거실에서
열심히 살다가 죽기로 했다.

그랬더니 거실의 부처님이 웃더라.
자넨 틀림없이 극락왕생할 걸세.
신라토기 안의 인형도 살며시
웃음을 머금더라. 그 순간, 전화 벨이
따르릉 울리더니, 내 친구 토성인(土星人)의
목소리가 들릴 줄야! 그것도 삼 년 만에.
내일 나의 거실로 오겠다나.

장마철에 시골에서

장마철에 오히려 세상 만난 듯
우줄우줄 춤을 추며,
짙은 초록의 극성을 떠는 것은
산과 들이구나.

잡초는 우거져
오솔길을 잡아먹고,
다리를 삼킨
도랑물은 요란한 소리를 내는구나.

그런데 나만이 맥을 못 추누나.
아궁이엔 물이 괴고,
방바닥은 끈적끈적,
벽에선 퀴퀴한 곰팡내 풍기니.

오늘은 소강 상태……
풀섶에서 개구리가 튀어나와
맨땅 위에 한참을 앉았구나,
몸의 지나친 습기를 말리려고.　　　　*

어디서인지 오소리가 나타나서
토마토 밭을 휘젓고 달아난다.
보니, 그 사이 빨갛게 익은
토마토 여남은에 정신이 드는구나.

흙·물·불·바람

여름은 위대하다

지금은 여름, 삼라만상이 한껏 신장해서 무성해지는 계절이다. 흙은 가장 흙답게, 물은 가장 물답게, 불은 가장 불답게, 바람은 가장 바람답게 되는 계절, 그리고 인간은 가장 인간답게, 적나라한 목숨을 구가하며, 다시 자연과 친해지고 싶어지는 계절이다.

흙

도무지 흙이라곤 밟아 볼 기회가 없는 사람들, 도시인들의 얼굴을 보면 영락없는 시멘트 빛깔이다. 그러니 이 갱생의 기회, 여름 휴가엔 시골로 갈 일이다. 인간의 타락은 신발을 신으면서부터 시작된 것이다. 홀가분하게 신발을 내던지고, 냄새나는 양말을 벗고, 맨발로 맨발로 대지를 밟고 서라. 그러면 다시 그대의 손은 엽맥(葉脈)을 닮게 되고, 그대의 코는 흙내를 풍기리라. 그대의 눈동자엔 태양이 비치리라.

물

 내 안의 피가, 내 안의 물이 바싹 잦아들면 바깥의 물을 찾게 된다. 맑은 계곡수, 깊은 산 옹달샘, 바다의 푸른 파도, 사막의 오아시스…… 그런 곳엘 찾아가서 위축된 심신을 적셔야 한다. 영혼의 목마름을 채워야 한다. 그것이 다름아닌 생명의 자기충전. 물은 생명의 근원인 까닭이다. 물은 우리의 육신의 때를 닦아 줄 뿐 아니라, 보이지 않는 골수의 오뇌, 영혼의 때까지 말끔히 씻어 준다. 그리하여 내 안의 피가 맑아지고, 내 안의 물이 넉넉해지면, 우리는 다시 부드럽고 너그러운 인간성을 회복하게 될 것이다.

불

 불 중의 불은 태양, 때로 그것은 이글이글 작열하는 화마(火魔)도 되지만, 물과 흙의 도움을 받아 만물을 생육하는 위력을 발휘한다. 원시인에게 태양은 신이었다. 현대인에게도 태양은 여전히 가장 신선한 불가사의다. 희망의 원천이다. 뜨는 해와 함께 삶은 눈뜨고, 중천의 해와 함께 삶은 약동하고, 지는 해와 함께 삶은 휴식한다. 설사 이 밤에 아무리 기진한 사람이라 하더라도, 내일 아침 솟아오를 태양을 믿지 않을 사람은 없다. 내 안의 불, 내 안의 목숨이 좀더 아름답고 좀더 치열하게 불타오르도록, 우리 한껏 두 손을 펴 올리자. 저 크고 눈부신 태양을 향해.

바람

 나뭇잎 하나 흔들리지 않는다고, 어쩔 수 없는 불볕 더위라고, 대청마루에 돗자리 펴고, 발을 대얏물에 담근 채 누웠건만, 그래도 더워서 못살겠다고 불평하는가? 차라리 땀 흘리며 들로, 산으로, 바다로 가라. 바람 중의 바람을 찾아서 가라. 드높은 산정에서 불어오는 허공바람, 거기서는 외계의 별냄새도 풍기리라. 원시의 바다, 먼 수평선에서 불어오는 바닷바람, 그 오존내 풍기는 바람을, 알몸으로 모래톱 위에 서서, 해초 같은 머리칼을 휘날리며, 쏘이고 있노라면 마침내 그대도 저 신화 속의 반신(半神)이 될 것이다.

내 안의 흙이 향기로운 대지의……

내 안의 흙이 향기로운 대지의 품안에 안길 때
나는 비로소 쾌적해진다. 자궁 안의 태아처럼.
나는 이윽고 소리치며 일어나리. 살고 싶다고.
흙내 나는 맨발과 맨손으로 새롭게 땀 흘리며.

내 안의 물이 맑은 계곡물과 하나로 흐를 때
나는 비로소 푸른 숨결을 되찾게 된다. 눈동자는
연꽃을 닮게 되고, 나는 꿈꾸는 혈관 속에서도
즐거워 노래하리. 무시무종의 자유를 구가하리.

내 안의 불이 붉은 장미와 하나로 타오를 때
나는 비로소 삶의 핵이 된다. 무궁무진한 투명한 연소.
시간이 없으니, 어찌 죽음의 재가 남으리오.

내 안의 바람이 은하수에서 불어오는 바람과 하나가 될 때
나는 비로소 보이지 않게 된다. 온몸의 무수한
모공이 뚫려, 사통팔달로 길이 나기 때문이다.

마로니에 조각공원에서

흰 대리석이나
상아의 손이 아닌

한국인의 살갗 그대로인
푸른 정맥도 드러나 보이는

거대한 화강암의 오므린 두 손바닥
물을 떠 마실 때의 모양 그대로

경건히 놓여 있다
마로니에 거목 아래……

반쯤 시든 나뭇잎 사이로
가을 하늘이 떨구는 금싸라기

그것을 받아 모으려는 것일까
물론 그것은 모아지진 않는 것

손바닥에 닿자마자 그 금싸라기는

맑은 공기, 고요로 화하기에

실상 이렇듯 깨끗하고 가난한
손바닥 안엔

담길 아무 것도 땅 위엔 없음이여
하늘의 고요밖에 담길 게 없음이여

모럴

모럴은 우리의 정신의 뼈다.
그것 없이는 몸도 마음도
흐느적거리는 일밖에 못하리라.
나갈 길 없는
수렁의 포로 된 채,
자신이 서서히 썩어가는 줄도
알지 못하면서.

로마의 포르노 극장

로마의 포르노 극장에 가봤더니,
상상력도 양기도 고갈한
인생 황혼길의 대머리 노인들만
드문드문 앉아 있다. 숨도 크게 쉬지 못하면서,
가고는 오지 않는 청춘을 그리면서.
피스톤처럼
활력에 넘친, 영사막의
거대한 남근을
자기의 것인 양 착각하는
재미를 못 잊어서.

사해(死海)

요르단 강에 담갔던 손을
이번엔 마침내
사해(死海)에 담가 보다.
그 죽은, 짜디짠 물은
믿기지 않을 만큼 미끈미끈하다.
어느덧 홀랑 남루를 벗고
K 시인은 그 속에 뛰어들다.
머리와 사지를 물 밖에 내놓다.
아니 저절로 온몸이 뜬다고
야단법석이다. 어서 카메라
셔터를 누르라고. 미상불 이것은
평생에 다시 없을 순간이긴 하다.
지구상에선 가장 낮은 수면(水面),
해면하(海面下) 삼백 구십사 미터인 곳,
생물이라곤 없는 이 함수호에
살아서 펄펄 뛰는 온몸을 담갔으니.
암 떠야지. 산 목숨이야
어쩔 수 없이 태양을 향해
부상(浮上)하는 일밖에 더 있겠나.

간디 인도 수상 피격 절명

간디 印度首相 피격 絕命

조간의 주먹만한 활자였다.
부도덕의 냄새가 물씬 풍겼다.
〈우리는 복수했다 시크교 만세〉라니?
온 인도 땅을 덮었던 그녀의
오렌지빛 사리가
순간 시뻘건 핏걸레로 화하였다.
그녀의 아침 출근을 가로막은
기관단총의 느닷없는 난사 함께.
온 인도가 부끄러워 떨 일이다.
광신과 편집이
또 끔찍한 유혈의 비극을 자아냈으니.
오 들어가라, 폭력이 무리들아,
인도의 온갖 비리와 갈등과 분쟁의 씨앗들은
모조리 들어가라, 벌집처럼
구멍이 뚫린 그녀의 시체 속에.
들어가서 활활 일시에 타올라라.
하여 남은 재가 인도의 방방

곡곡에 뿌려지면,
그녀는 죽어서도 인도를 수호하리.
조국의 무한한 성장과
번영을 약속하는 여신이 되리.

여수(旅愁)

— 희랍은 어때요?
— 아크로폴리스가 역시 압권이죠.
— 아테네엔 지금도
　잘생긴 희랍 사람들이 많던가요?
— 예, 마치 옛날의 조각 작품들이
　시중을 활보하고 있는 느낌이죠.
　그들은 여전히 고대풍(古代風)으로 웃고 지껄이며
　신나게 마시고 있었습니다.
　에게 해(海)에서 배를 탔는데요,
　작은 섬들이 꿈처럼 떠 있었고
　물이 어찌 맑은지
　바닷속의 물고기 노니는 모양까지
　환히 들여다 보이더군요.
　파란 하늘과 파란 바다 사이
　하얀 집에는
　푸른 기운이 어리어 있었어요.
— 그렇게 말하는 당신의 눈에서는
　에게 해(海)의 해초 냄새가
　풍기는 것 같습니다.

〈태양과 포도주…〉
문득 그런 말이 생각나요.

초겨울 잡목 숲

여름엔 도무지 속을 안 보이던
초록의 불투명체, 거대한 숲이
순순히 옷 벗더니, 살도 벗고
썰렁한 공간에 뼈까지 드러냈네.

나무들의 이렇듯 굵거나 가는
무수한 뼈마디가 기기묘묘하게
섬세한 모양을 이루고 있을 줄야.
그 뼈마디에 이름도 모를 새가 앉는구나.

나는 이젠 완연한 잿빛의 나이건만
아직도 주책없이 눈먼 수렁 속에
흐느적거리면서 살고 싶다니.

오늘은 초겨울 숲속에 단좌하여
나도 뼈 있는 사람임을 보여야지.
청춘의 상실을 슬퍼하지 말 일이다.

즉흥적 단편(卽興的 斷片)

89

지구 변방의 장미 한 송이가 은하계 밖의 우주인을 불러내다.

90

햇빛이 없으면 이슬은 금강석이 될 수 없다.

91

낮의 숲은 새가 차지하고 밤의 숲은 벌레가 차지한다.

92

빨간 도깨비가 바둑판을 들고 빗속을 간다.

93

사람이 안 살면 집은 자멸한다. 영혼이 떠난 육신이 그러하듯.

94

시인은 언어 속의 혼령을 불러내는 무당이다.

95

잔뜩 흐린 겨울 하늘에선 눈 냄새가 난다.

96

동서의 만남을 구현했던 세계인, 라빈드라나드 타고르.

97

노경의 독서, 읽고는 잊고, 잊고는 읽는다.

98

가을물처럼 맑고 티없는 문장을 쓰고 싶다.

99

무시간의 공간을 뚫고 달리는 기차, 시간의 화신.

100

지상은 어두운데 하늘은 대낮이다.

101

그의 이마엔 늘 히말라야의 고요가 서려 있다.

102

개구리 눈엔 한 치 앞의 뱀이 안 보인다.

103

로봇이 현대인의 인간성 상실을 한탄한다.

104

파뿌리처럼 표백된 음모. 노년의 비애.

105

코끼리 한 마리가 공중에서 유유히 부유한다.

106

흰 달을 가로지른 홍매화 한 가지.

107
고뇌를 황홀로 바꾸는 살풀이, 그것이 무용이다.

즉흥적 각서(卽興的 覺書)

1

알렉스 헤일리의 「뿌리」를 보면
흑인은 양반이요 백인은 상놈임을 알 수 있다.

2

무중력 상태에서 노니는 화가기에
늙을 줄 모르는 마르크 샤갈.

3

어버이란 자식이 간악해도
그 뿌리마저 악인이라곤 생각지 않는다.

4

버드나무 가지 위에 긴 다리로 그린 듯이 서 있구나.
두루미는 바야흐로 입선(立禪) 삼매중임.

5

사람들은 병들고 앓아야
본래의 선량함과 무력함, 즉 인간다움을 되찾는다.

6

부처님 발자국은 지워지지 않는다.

그 위에 떨어진 꽃잎은 시들지도 않는다.

7

잉크 냄새가 가시기도 전이언만

이미 그의 시는 재로 화해 있다.

8

어떤 사람에겐 종교도 하나의 장식품에 불과하다.

훈장처럼 가슴에 달았다가 불편하면 떼어 둔다.

9

개고기는 눈에 안 좋나.

상식(常食)하면 예외 없이 눈동자가 썩는다.

10

신은 지극한 사랑이기에

피조물의 자유를 간섭하지 않는다.

11

인도에선 사람보다도
소가 더 명상적인 표정을 짓고 있다.

12

봄비가 멎으니 실버들 가지 푸르러졌네.
까치도 한결 말쑥해지고.

13

웃기는 사람, 시를 읽을 때도
속독법을 적용해서 단숨에 한 권을 떼는 사람.

14

시인이 시를 쓴다는 것은
그 자신의 영혼의 구조를 드러내는 일이다.

15

구름이 생길 때는 생겨서 좋거니와
구름이 소멸할 땐 소멸해서 좋으니라.

16

가면을 쓴 사람들 눈엔 가면을 안 쓴 사람이 오히려
가장 두꺼운, 완벽한 가면을 쓴 것처럼 비친다.

17

기독교는 하늘을 우러러 보는 자세이고
불교는 땅을 굽어보는 자세이다.

18

어느 대학총장이 말하기를 「술 마시곤 음담
패설이나 해라. 그래야 무해유덕(無害有德)한(?) 사람 된다」

19

사해(死海)도 실은 죽은 건 아니라고,
청천백일하에 마냥 반짝반짝 빛나고 있구나.

20

세간에선 스스로 타락한 사람이 스타란다.
신노자(新老子)적 발상이라 할까나.

제2부

아이오와 시편

김 형

가깝고도 먼 나라,
일본에 닿기 전에 본 것이라곤
구름밭 위에
머리만 드러낸 부사산(富士山) 절정.

동경의 하룻밤은
호사의 극치, 김 형과 나의
이십 년 만의 상봉은 마치 우주인끼리
대기권 밖에서의 데이트인 양
감개무량했다.
나폴레옹 꼬냑 냄새도 섞인
한국어의 쉴 새 없는, 끈질긴 파동으로
그날밤 잠을 설친 일본인들의
노란 얼굴들을 뒤로, 뒤로, ―
보니 어느덧 태평양 위의
구만리 장천(九萬里 長天)을 나는 대붕(大鵬),
팬 아메리칸 점보 안에서의
나는 위축된 외로운 이방인.

상항(桑港)

상항은 꿈의 도시,
바다에 걸린 강철의 무지개로
공중을 날다가, 목장의
검은 젖소 뱃속에서 그림을 그리는
샤갈 할아버지 수염도 만져보고,
제비꽃 내음 나는 바다 밑 지하철로
어느새 다다른 아시아 미술관
의 엄청난 엄청난 인파를 헤치면서,
문화혁명 후의 중국 출토품을
눈여겨보는 재미, 네 굽을
놓으며 거품을 뿜는 준마!
행복한 시대의 우아한 여인답게
미소를 흘리는 당미인(唐美人)에
간장이 녹는구나. 아슬아슬 S자(字)로
한없이 비비꼬인 내리막길을
몰아도 보고, 빌딩 숲 사이를
종횡으로 연사흘 누볐건만,
구두엔 티끌 하나 묻지 않는구나.
차라리 티끌이,

티끌로 빚은 인간이 그리워서
버클리 대학 앞의 노상을 더듬는다.
쇠잔해가는 석양빛 반나체들,
히피족 틈에 끼어, 수왈랑거려 본다.
상항은 꿈의 도시, 너무도
너무도 아름답다는 생각을 하며.

주 : 상항(桑港)은 샌프란시스코의 중국식 표기임.

자동판매기

바야흐로 기계 만능 시대,
그러나 기계를 움직이는 것은
US 코인이죠.
기계의 입에
코인을 넣고 단추만 누르면
기계의 항문에서
나온다 빵,
나온다 우표,
나온다 코카콜라,
나온다 시가렛,
나온다 초콜릿,
나온다 신문,
나온다 커피,
그것도 더운 김이
모락모락 나는 커피……
어디 그뿐인가요?
나온다 목소리,
나온다 사랑,
나온다 시간,

나온다 꿈,
나온다 돈,
....
아무리 눌러도 안 나오는 것이라곤
단지 하나,
그러나 만약 그것이 나온다면
세상은 종말을 고하게 될 겁니다.

인터내셔널 라이팅 프로그램

엷은 흑갈색의 인도네시아 씨
아무리 치즈나 버터를 잡수신들
당신의 눈이 파래질 리 있겠소?

불가리아에선 첫 참가자라는 키다리 작가,
뒷짐지고 혼자서 이리저리 배회하지 않더라도
나는 알겠소 당신의 불안……

차라리 아르헨티나의 교수처럼
미친 체하고 흥겨운 탱고나 불렀으면 좋으련만,
(그는 영어라곤 Yes, No밖에 모르는 사람)

그런가 하면 권력자인 양 손짓을 섞어가며
된 소리 안 된 소리 마구 지껄여대는
젊은 저돌형의 유고슬라비아……

「나의 죄가 있다면 시 쓰는 거랍니다」
하고 겨우 중얼거린 미스 폴란드엔
다시금 갈채를 보내고 싶소.   *

영어 서툰 거야 죄 될 게 무엇이람.
기운을 냅시다, 기운을 냅시다,
하지만 그게 어디 뜻대로 되어야죠.

나의 룸 메이트 희랍의 털보는
시계를 안 가졌소. 바람처럼 나들지만
앉았던 자리엔 털이 한 움큼.

그는 손꼽기를, 도스토예프스키,
포크너, 딜런 토마스, 랭보, 카프카,
예이츠 육인이 최고라오.

「혼자 이국에서 자취를 한다는 것,
그것은 우리를 슬프게 하는군요」
하자 제일 공명한 건 독일의 극작가,

안경 너머 파란 눈동자를
꿈벅꿈벅거리면서 내 말을 되뇌는데,
미스터 인도가 점잖게 웃기누나.　　　　＊

「그렇죠, 차라리 〈인터내셔널
쿠킹 프로그램〉이라면 어때요?」
자기네 말처럼 영어를 지껄이는 인도 양반.

초록색 눈동자도 있다는 것을 알게 해 준
미남의 헝가리 시인을 두고
일본의 여류는 호모섹슈얼인 줄 알았다나,

여성에게 그렇게 냉랭할 수가 없다고 말하면서.
미스 일본의 고독을 어찌 난들 모르리오?
우린 지금 모두 조금은 미쳐 있고,

또 조금은 취해 있는 상태라오.
USA라는 거대한 대륙, 그 한복판의
〈아이오와〉라는 자력에 끌려와서.

아이오와 숲

처음 아이오와에서 지낸 일 주일은
너무도 막막하고
너무도 어설퍼서 유폐된 기분,
도시 그놈의 영어를 알아
들어야 말이지, 동서남북을
가릴 줄도 모르겠고……
벙어리 냉가슴 앓기가 일쑤였지.
창이 있어도 커튼을 드리운 채
내다볼 줄도 몰랐으니 말야.
나는 까맣게 메말라 갔지
물을 여읜 물고기처럼.
한국어를 여읜 한국 시인이니
메미를밖에……잠도 못 자고,
아이오와에서 이러다 죽으려나?
아아, 안 되지, 이래선 안 되지.

겨우 커튼을 밀어젖히고서
창 밖을 내다봤네, 빈사의 시선으로.
확 트인 공간, 오라고 오라고

손짓하는 울창한 숲과 파란 잔디……
한쪽으론 유유히 흐르는 강물……
열흘이 지난 어느 날 아침,
나는 드디어 걷기 시작했지
어슬렁 숲속으로, 무한히 열려오는
푸르름으로, 시나브로 떨어지는
금싸라기의 축복을 받으면서,
마음 풀리는 고요와 부드러움,
평화를 누리면서. 나무와 풀과
흐르는 물과 바람은 속삭이데,
가장 엄숙하고 순수한 한국어로
「도통한 기분으로 견디어 내라!」

미시시피 강

아이오와, 아아오와,
도처에 초록빛 꿈을 엮어 가며
지금도 무한히 자라는 땅,
그 힘의 원류(源流)가 미시시피 강인 줄을
오늘은 알겠다.
맥그래골 절벽 위에 서서
영원(永遠)을 굽어보듯
그 흐름 속의 머묾을 보았을 때,
또한 알겠다
왜 미(美)란 두려운 것인가를,
왜 역사도 때로는 그림자로
느끼어지는가를.

눈동자

파란 눈동자가
내 안에 들어와서 별이 되었다.
갈색의 눈동자는
내 안에 들어와서 살을 서걱이는
바람이 되고,
초록의 눈동자는
내 안에 들어와서 달가닥 달각
뼈를 건드리는 옥돌이 되었다.
나와 같은 빛깔의 검은 눈동자는
지금 소리없이
내 안에 들어와서 무엇이 되려는가.
아무것도 들리지 않고
아무것도 보이지 않네.

아이오와에서 꿈에

이곳은 바로 미국이라는데,
한국에는 또 난리가 나서
모두 이곳에 피란 온 모양인데,
꼭 옛 한국의 시골 마을인 양
초가 지붕 위엔
둥근 박이 두어 개 열려 있고
무너져 가는 흙돌담 모서리,
졸졸 도랑물 소리도 들리는데……
백발의 꼬부랑 촌부가 긴
담뱃대를 물고
어슬렁거리다니.
미국에 한국인 마을이 생겼군!
그것도 진짜 막걸리 맛과
된장찌개 냄새도 나는.
일가친척들은 모두 나를 알아보고
반색을 하는데, 편찮으신
어머니만은 겨우 맨 나중에야
나를 알아보시누나.
눈물을 흘리시며 목메인 소리로

「아이구,
정말 희진이가 오는구나!」
아아, 몹시 수척하신 어머니,
아마 저도 그때 눈물을 흘렸다면
온 미국이 눈물의 홍수로
떠내려갔겠지요.
행인지 불행인지
그렇게 되기 전에 잠이 깨어 버렸군요.

작년에 돌아가신
어머니 일주기가 가까워져서일까.
요즘 자주 어머니를
꿈속에서나마 만나뵈니 기쁘구나.

글 한 자 모르시고
길눈도 어두우신 우리 어머니가
당신의 아들 미국에 온 걸
어떻게 아시고서
찾아 오시는지……어머니 크나큰

사랑을 생각하면,
이 아들도 사후의 영생을
믿고 싶어지고 바라게 되죠.
간절히 애타게 바라게 되죠.

후기를 대신해서

1975년 8월 나는 난생 처음으로 출국의 기회를 갖게 되었다. 미국 중서부에 있는 아이오와 대학 소속「국제창작계획」에 참가하기 위해서였다.

「국제창작계획」(International Writing Program)이란 저명한 시인이자 교수인 폴 엥글 씨의 착상으로 1967년 창설된 것인데, 세계 각국에서 유능한 시인 작가 수십 명을 초빙하여 (왕복 여비 및 체류비 제공) 일정기간을 (처음엔 6개월이 넘었다 하나 현재는 줄어들어 3개월이라 함, 내가 갔을 때엔 4개월이었음) 창작 생활에 전념케 한다는 희한하고도 놀라운 사업이다. 우리 때엔 주 2회, 회원들이 차례로 자국의 현대 문학, 또는 자기 작품을 발표하는 세미나가 열렸는데, 거기에는 가급적 참가해야 하는 것이 회원들에게 부과된 유일한 의무였다. 그밖에는 시종 자유롭고도 고무적인 분위기로 일관된 것이었다.

나의 발표는「불교와 한국 현대시 및 11편의 자작시」였는데, 매우 성공적인 반응을 일으켰다. 폴란드의 문학평론가요 셰익스피어 학자인 某씨는 성큼성큼 내 앞으로 다가오더니「당신은 진짜 시인이오!」하면서, 그 두터운 손을 내밀었다. 멕시코 작가는「우리 서양 작가들이 동양에서 온 당신에게 그야말로 여지없이 압도당했구려」또 어느 미국 여성(당시 박사학위 이수

중이었음)은 「지금까지 발표된 모든 시 중에서 당신의 것이 베스트입니다」 몇 사람은 오더니 발표문의 카피를 요구했다. 친지에게 보내주고 싶다면서.

아이오와 대학교엔 한국인 교수가 7, 8명이나 있었고, 학생들도 많아서 꽤 두터운 한인 사회를 이루고 있었다. 나는 교포들이 수십 명 모인 시내 모 교회에서 시낭독을 하게 되어, 그들의 뜨거운 갈채를 받았다. 이래 나는 교포 유지들의 환대를 받았는데, 그 중에서도 당시 의과대학 교수였던 한주용 박사 내외분의 각별한 후대를 길이 잊을 수 없으리라. 얼마 전 일이다. 한 박사 부인 동자영 여사한테서 편지가 날라왔다. 그동안 10년의 세월이 흘렀건만, 역시, 그분들도 나를 안 잊고 계심을 알았다.

「국제창작계획」에선 가끔 단체로 여행을 하였지만, 국무성 지원 하에 별도로 미국내 개인 여행을 주선해 주었다. 나는 약 17일간에 걸쳐, 주로 미국 동북부에 있는 도시를 순방했다. 시카고·워싱턴·뉴욕·보스턴·버팔로·시카고·아이오와의 순으로 돌았다. 나는 짐짓 국무성 알선의 공적 편의 제공을 마다하고, 가는 곳마다 한국인 친지들의 따뜻한 환영과 안내를 받았다. 늘 대체로 고독한 편이며, 폐쇄적인 생활을 해 온, 박덕한 내게 어떻게 그때는 그렇게 척척 인간 만남의 매듭이 맺어지고, 풀리고 했었는지, 지금 생각해 봐도 엄청난 행운이요, 과분한 축복을 받았던 게 틀림없다. 그리고 그런 일은 유럽이나 일본에 가서도 매일반이었으니, 아마 일생일대에 다시 그런 일이 거듭

될 순 없으리라.

　아이오와 체류시, 우리는 매월 900 달러를 지급받았다. 당시 교수급의 월급이 1천 달러 정도였으니까, 꽤 후한 대접인 것이다. 궁색하지 않게 돈을 쓰고도 상당한 액수가 남게 되었다. 나는 그 돈을 유럽 여행 경비로 썼다. 우선 뉴욕에서 파리로 날아갔다. 드골 공항에서 마중나온 화가, 김창렬(金昌烈) 형의 모습을 보았을 때, 얼마나 기뻤는지, ─ 이젠 살았구나! 초행인 데다 전혀 언어소통이 안되는 외국의 대도시에 혼자 내던져진다는 것은 가히 하나의 공포인 것이다. 그래서 내가 간신히 그의 주소를 알아내어, 미리 SOS의 편지를 보냈던 바, 그런 공포쯤 기꺼이 덜어드리겠노라고, 그가 이렇게 마중나온 것이었다.

　몽파르나스에 있는 그의 아틀리에 근처 호텔에서 여장을 풀었다. 20일간의 파리 체류 중, 나는 단독으로 런던행과 로마행을 감행했다. 둘 다 기차편, 그리고 불과 3박 4일 정도의 여행이긴 하였지만, 파리를 포함하여, 그 3대도시가 내게 준 인상은 너무도 강렬했다. 우선 유럽은 기독교 문화권이란 것을 실감했고, 그 전통은 여전히 살아있어, 유럽 정신의 핵심을 이루고 있음이 분명했다. 유럽을 가리켜서, 갈 데까지 갔다느니, 도덕적으로 너무도 퇴락하여 파국에 직면해 있다는 따위 비판의 소리들이 적어도 내게선 설득력을 잃어갔다. 그리고 또 하나 감명 깊었던 건, 그 오랜 세월의 풍상을 겪고도, 깡그리 파괴되어 버리지 않고, 잘 축적된 문화적 문명적 부(富)의 부피에 관해서였다. 한국은 반만 년의 역사를 자랑하나 그것을 실감할 기회란 좀처럼 주어지지 않는데 (박물관에나 가본다면 모르지만), 역사다, 전통이다, 문화다 하는 것의 더없는 소중함을, 로마나 파리에선, 일상적인 생활 공간 도처에서 볼 수 있고, 느낄 수 있고, 만져 볼 수조차 있다. 말하자면 공기를 호흡하듯 누리면서 살아간다. 아마도 그것은 서양의 건축물이 돌로 축조된 것인 데 비하여, 동양의 그것은 대부분 나무여서 병화(兵火)나 천재(天災)엔 취약했기 때문이라 볼 수도 있으리라.

일본에선 한 십여 일 머무는 동안, 주로 교토, 나라, 가마쿠라 등 고도를 순방했다. 일본의 전통 문화 곧 불교 문화의 진수를 알자면 사찰을 보는 일이 첩경이라 여겼기 때문이다.

한국에 돌아온 건 1976년 2월이었으니, 반 년에 걸친, 대략적인 것이나마, 나의 세계일주는 이렇게 끝났다.

늘 제자리를 맴돌밖엔 없던
하나의 새까만 점이었다가,
불꽃 튕기는 원을 그리면서
지구를 돌아
나는 다시 점으로, 제자리에 돌아왔다.

달라진 것이라곤
글쎄, 내 뇌세포를 살펴봐야 되겠지만

어쩐지 한 꺼풀 벗은 것 같은 느낌.
사물을 대하는 눈의 투시도(透視度)가
좀더 깊어졌으면 좋으련만.

몽파르나스에서 한국 화가,
김창렬(金昌烈)의 물방울을 보아서일까,
온 우주가 때로는 한 방울
영롱한 이슬 속에
흔적도 없이 용해되고 마는 것은.

노틀담도 웨스트민스터도
성(聖) 베드로 대성전도 녹는구나 한 방울 이슬 속에
동양의 사원들도 미륵보살반가상도
나무도 바위도 사자도 원자탄도
별, 구름, 똥, 흑·백·황인종도.

나의 정신이 그것을 통해야 집중이 되는
언어가 나의 조국, 이몸이 세계의
중심이 될 수 있는 그곳이 나의 자리,
동서고금이, 이리하여, 내 안에서
만나서 한 방울 이슬로 승화된다.

시 「한 방울의 만남」의 전문인데, 말하자면 이것이 나의 첫 해외 여행 체험의 총결론인 것이다. 나는 결국 한국어의 시인이다. 불어도 아니고, 영어도 아닌, 한국어로 생각하고 표현하는 자유를 누리게 마련인 것이 무한히 즐겁고 행복한 것이다. 모국어를 여읜 시인의 몰골이란 물을 여읜 물고기 신세나 같음을 나는 얼마나 절감하였던가. 한국어가 다름아닌 나의 조국이자 세계이며 우주인 것이다. 한국어를 통해 나의 자유는 아마도 무한히 신장될 것이다.

〈한 방울의 만남〉이란 제대로 말하자면 〈한 방울 이슬 속의 투명한 동서고금의 만남〉이다. 또 시 「金昌烈」에 보면 「오오 하나의 물방울 안에/동서고금이 만나서 녹아/원융무애의 법성(法性)을 이룸이여」라는 구절이 나온다.

아이오와 체류 중의 나는 그다지 생산적이지 못했다. 시 9편과 별도로 아이오와 수기라고나 할, 약간의 산문을 쓴 것이 그 전부였다. 그러나 서울에 돌아온 후엔 사정이 달라졌다. 나는 다시 직장에 얽매이는, 바쁜 일상을 보내고 있었지만, 틈틈이 시작에 몰두하게 되어, 13편의 시를 쓸 수 있었다. 그래서 모두 22편의 세계 기행시집 「한 방울의 만남」을 그 해 「文學思想」 10월호에 발표할 수 있었던 것이다. 그 뒤 새롭게 4편이 추가되었다. 그러나 아무래도 26편으론 한 권 시집이 안 될 듯싶어 그냥 방치해 두었던 것인데, 몇 해가 지나서야 묘안이 떠올랐다. 여행기를 써서 2부로 삼으면, 볼품 있는, 두툼한 책이 될 게 아니냐는. 아마 그럭저럭 여행기 써놓은 게 한 3, 4백 장 분량은 될 줄 안다. 그러나 그 정도로는 전체 구상의 4분의 1이 될까말까여서 나는 계속 써야 할 처지건만, 그만 흐지부지 집필을 포기한 채 오늘에 이르렀다.

그러다가 작년 2월에 나는 두 번째 해외 여행을 하게 된 것이었다. 그것도 숙망의 인도 여행을. 나의 인도 체류 20일을 회상하면, 나는 지금도 정신이 서서히 발열하기 시작한다. 그만큼 인도는 내게 시종 압도적 감명을 안겨 준 곳이었다. 어디를 가나 신비와 명상의 분위기이면서도 미칠 듯이 적나라한, 현실적 삶의, 또는 죽음의 감각으로 충만해 있는 나라, 지구상엔 이러한 나라도 있었구나. 귀국 후에도 나는 얼마 동안 인도병 환자인 양, 어질어질 취한 상태에 있었지만, 이내 14편의 인도 시편을 써낼 수 있었다.

일이 이쯤 되니, 나는 이제 기어이 세계 기행시집을 출간해야 될 때라 생각했다. 그러나 사정상 애초에 생각했던 여행기 수록 건은 아예 단념하기로 하고, 그 대신 근작 시편을 넣기로 하였다. 그리하여 현재의 새로운 시집 구성이 된 것이다.

아이오와 체험 이후, 실로 10년의 세월이 흘렀건만, 나의 시는 조금도 퇴색하지 않았으며, 독자에게 여전히 신선한 감흥을 불러 일으키리라 믿고 있다. 그동안 겪었던 많은 우여곡절로 하여 생겼던 마음의 앙금 같은 것도, 이제 곧 발간될 시집을 대하면, 햇빛 앞의 서리처럼 녹고 말 것이다.

끝으로 꼬리처럼 아이오와 수기의 일부를 덧붙인다. 당시의 생생한 현장 감각이 다소나마 독자에게 흥미를 유발하지 않을까 해서이다.

1985년 8월 水然

아이오와 手記

9월 15일

오늘 3통의 편지 쓰다. 김규영(金奎榮) 선생님과 이문원(李文垣) 교장 선생님께, 그리고 아버지께도. 편지 쓰는 일을 통해서만 나를 확인할 수 있다니, 아직 분명히 자리가 안 잡힌 것 같다.

도시 이 메이플라워 아파트는 영주자를 위해 설계된 건 아니리라. 우리와 같은 과객을 위해 지어진 것이리라. 그 잘된 설비에 비해, 수시로 소음이 들린다는 것은 적지않은 결함이다. 큰 거리에 면해 있는 만큼 그렇기도 하겠지만 그 밖에도 아파트 자체가 내는 소음이 있다. 각종 기계 장치가 내는 소리…… 쉿쉬 윙윙, 간헐적으로나마 심심하면 내는 소리인 것도 같다. 기계도 살아있는 자기 자신을 확인하기 위해서는 그럴 수밖에 없는 것일까.

에드가르도와 밤에 도서관엘 다녀오다. 오는 길에 독일 극작가 알프 포스를 만나다. 혼자서 우리를 뒤쫓아 왔단다. 「작품 쓰기 시작했습니까?」「예 시작했죠. 새 희곡의 일부를 말입니다. 요즘 우리가 겪는 체험, 이상하지 않습니까? 외롭고, 조용하고……」 그는 좀 취해 있는 듯싶었다. 그러고 보니 회원 모두가 조금씩 취해 있는 듯도 싶다.

9월 16일

오늘이 나의 월급날이로군! 아냐, 한국 시간으론 15일일 테니까 내일쯤 되겠지. 얼마나 나올까. 봉급 전액이 지불된다면 그야말로 유급 휴가인 셈인데. 나는 지금 여기 아이오와에서 꼭 갇혀있는 사람의 기분으로 살고 있으니, 말이 안 돼. 기운을 내야지, 내야 하고말고.

작가가 글을 쓸 때 최소한도로 필요한 요건, 그것은 무엇일까. 우선 방을 상정하지 않을 수 없다. 그 방 안의 공간과 시간과 작가의 주체성이 혼연일치할 때 작가의 자유는 최대한으로 실현될 것이다. 그 세 가지 중 어느 한 가지가 결핍돼도 안 된다. 시간과 공간은 마련이 돼 있는데 작가의 주체성이 불안정하다면? 지금의 나처럼 언제까지나 불모성에서 헤어날 길이 없을 것이다.

많은 시간이 주어져 있다. 한국 서울에서 나를 괴롭히던 일상의 격무에선 벗어나 있다. 그것만 해도 얼마나 다행이냐! 그리고 이렇게 알뜰한 공간도 주어져 있다. 그런데 나는 아직 전혀 갈피를 못 잡고 있다니. 모진 비바람에 날개가 찢겨 갈 바를 모르는 나비처럼. 허울만 남은 빈 껍데기, 껍데기로다. 내 안에 고여, 넘쳐 흘러야 할 언어는 모두 어디로 가버렸나. 와서 나를 다시 가득히 채워다오.
모국어를 여읜 시인의 몰골이란 물을 여읜 물고기 신세나 같다.

영어를 잘 알아듣지도, 또는 잘 지껄일 수도 없는 데서 오는 고통이 이렇게 견디기 어려운 것인 줄은 몰랐다. 아니 실은 분명히 짐작했었기에 나는 한동안 이곳에 오는 일을 기피했었건만…… 이제 와서 무엇을 뉘우친단 말인가.

영어 실력(회화 능력)이 서로 비슷한 사람들끼리 어울리게 되는 것 같다. 잘 하는 사람은 잘 하는 사람끼리, 어중간한 사람은 어중간한 사람끼리……

broken으로나마 에드가르도와 영어를 지껄일 때 나는 가끔 우리말을 섞어 버릴까 하는 유혹을 받는다. 시치미 뚝 떼고. 에드가르도의 영어는 잘 알아듣기 힘들다. 어떤 땐 그가 영어 아닌 서반아어를 지껄이는 게 아닌가 싶을 만큼, 피장파장일까.

오늘 세미나는 Peter Nazareth라고 우간다에서 온 작가차례, 대단히 유창한 영어를 구사했다. 「Problems of the Third World Writer: The Case Of Taban Lo Liyong」

9월 17일

　강한 의욕과 적극성, 그것이 없이는 살기 힘든 데가 미국일 것 같다. 자기의 앞길은 어떻게 해서든지 자기가 꾸려나가야 된다는 것, 그런 독립심과 자조(自助)가 없이는 남의 도움을 바라기도 어려운 처지에 빠지게 된다는 것, 이런 관념이 미국인 일반에겐 골수에 사무쳐서 이미 자기네 스스로는 의식도 못하는 한 특질로 혈육화되어 있는 듯싶다.

9월 23일

　처음으로 시낭독회에 가보다. 중앙도서관 안에 있는 샴보 강당에서 열렸다. 4명의 시인, 그 중 한 명은 샌드라 맥퍼슨이라는 여자다. 모두 이 고장의 쟁쟁한 시인들이라고 들었다. 정각 (하오 8시)보다 한 20분 늦게 갔더니, 거의 입추의 여지도 없었다. 좌석은 300석쯤 되어 보였으나 복도는 물론이요 무대 위에까지 서 있는 사람, 앉아 있는 사람들로 열기가 대단했다. 이런 강당에서뿐만이 아니라, 시낭독회는 술집, 서점, 심지어 한길에서까지 자주 열린단다. 시가 그만큼 생활화되어 있음을 알 수 있다. 이따금 청중의 표정을 살폈더니, 모두 열심히 듣고 있었다. 조금은 페이소스, 조금은 아이러니, 조금은 유머…… 그런 내용들로 짐작되는 시편을 시인들은 모두 담담한 어조로 읽어나갔다. 극적 감정의 고양이라든가 열광적인 몸짓…… 그런 것은 없었지만, 가끔 청중을 웃기는 솜씨가 그런대로 멋있다고 할 수가 있겠다. 그리고 시인들은 그 용모부터 더부룩한 게 꾸밈이 없었으며, 순인간(純人間)의 느낌을 풍기었다. 사람들을 이곳에 끌어들인 데엔 아마 시인들의 그러한 인간미도 적지않게 작용을 했으리라.

9월 24일

　Hancher Auditorium에서 아주 희한한 음악회가 있었다. 아이오와 대학 심포니 오케스트라에 의한 모차르트의 교향곡 39번, 말러의 교향곡 10번, 그리고 스크리아빈의 프로메테우스(별명 불의 시). 프로메테우스는 1910년에 작곡되었는데, 70년대에 와서야 겨우 연주되기 시작한 것이란다. 아이오와 대학 특유의 전자장치에 의해 이 선구적인 multimedia 작품이 연주될 때, 청중은 누구나 탄복하는 눈치가 역연했다. 반투명의 스크린 너머로는 피아니스트, 지휘자, 3688개의 파이프가 달린 오르간, 그밖에 단원들의 모습이 어렴풋이 꿈처럼 보였고, 스크린 앞 무대 양면에는 흰 옷을 입은 30명의 합창단원이 줄 서 있었으며, 그 중 1명은 전면에 나와 수도승처럼 쭈그리고 앉아서는 경건히 향불을 사르고 있었다. 이내 피어오른 불길과 연기, 환상적이며 빠른 템포의 음악이 전개됨에 따라 스크린에는 갖가지 빛깔의 난무가 벌어졌다. 그것은 각각으로 변화해 가는 소리의 색채화(色彩化)라 할 만한 것이어서—청중의 시각과 청각과 후각을 동시에 자극하는, 그야말로 multimedia의 잔치였다. 그러면서도 조금도 어지럽다거나 지나치다거나 하는 느낌은 없었다.

계속 쇄도하는 군중을 위해, 당국은 연주가 끝난 다음에도 스크리아빈만은 거듭 연주하는 아량을 베풀 모양이었다. 나와보니 과연 장사진을 이룬 군중들로 일대장관을 이루고 있었다.

9월 25일

오늘 세미나는 Daniel Weissbort의 「Some Contemporary Russian Poets」

폴 엥글이 말하기를, 「몇 해 전 일입니다. 내가 워싱턴 주재 소련 대사관 문정관을 만나 소련 작가를 국제창자계획에 초대할 용의가 있다고 말했더니, 문정관 왈, 〈초대해서 도대체 어쩌자는 것입니까? 그들에게 무슨 일을 시킬 것입니까?〉 그래 내가 말하기를, 〈그들에게 무엇이건 하고 싶었던 말을 자유롭게 하게 할 겁니다〉 〈그건 안 됩니다……〉 하고 문정관은 고개를 설레설레 흔들더군요」

라일락 속의 戀人들 · 1985

표지화 · 吳受桓

「라일락 속의 연인들」을 내면서

나는 그동안 색다른 시집으로 민요시집 「서울의 하늘아래」(1979)와 사행시집 「사행시백삼십사편」(1982)을 펴낸 바 있지만, 이번엔 순전히 연애시만을 모은 시집을 내게 되었다. 그중 「노을」은 1948년 18세 때 소작이고, 「초록의 노래」는 올해에 쓴 것이니, 55세의 작품인 것이다. 그러니까 근 40년 동안 쓴 연애시가 모두 73편. 결코 많은 편수는 아니다. 그러나 그 안엔 내가 쓴 최선의 시들도 더러더러 포함되어 있거니와 전편이 그냥 앉은 자리에서 순순히 다 읽힐 만큼 강한 전달성이 있다고 사료되어, 마음 흐뭇한 바 없지 않다.

흔히 한마디로 연애라, 또는 사랑이라 말하지만, 그 본질과 특성과 양상을 낱낱이 소상하게 밝히기란 어렵다. 하지만 이제 연애시집 한 권을 상재하면서 몇 마디 말쯤은 있어야 할 것으로 생각하였는데, 도무지 씨지지 않으니 웬일일까. 그렇다, 차라리 모든 것은 작품 자체가 스스로 말하도록 내버려 두자.

시가 결국 독자의 마음을 정화해서 〈인생은 역시 살 만한 것이로군〉 하는 대긍정에 이르게 한다면, 더 바랄 게 없는 게 아닐까. 나는 두고두고 이 시집이 많은 사람들에게 애독되길 염원한다.

1985년 가을에 水然 朴喜瓘

차 례

「라일락 속의 戀人들」을 내면서

미수록 시편

어찌할까나 / 361

그대는 온몸이 / 362

나를 바라보는 그대의 눈빛 속엔 / 363

활짝핀연꽃보다 / 364

달빛이녹아호수는달빛되다 / 365

오월의 숲이었지 / 366

그대와 나를 축복해 주듯 / 368

서울 사는 시골뜨기 / 369

그대와 함께일 땐 / 371

연인들과 꽃다발 / 373

꽃과소녀와사과 / 374

초록의 노래 / 375

이다섯나부(裸婦)의목욕을위하여 / 376

그녀의 눈은 / 378

연가 / 380

술집에서 / 381

소곡 / 382

「실내악」에서

무제 / 385

노을 / 387

등잔불은 / 388

유심히 나를 / 389

슬픈 연가 / 390

두 개의 손이 / 393

즉흥소곡 / 394

골과 향수 / 395

「청동시대」에서

새봄의 기도 / 399

바닷가에서 / 400

새해의 십사행시 / 405

연가 / 406

공포와 기쁨 / 407

육체 / 408

메아리 애가(哀歌) / 409

꿈속의 바다 / 414

라일락속의연인들 / 415

애가(哀歌) / 416

「빛과 어둠의 사이」에서

빈 술잔의 노래 / 419

그대 긴 검은 머리 / 420

선덕여왕과 지귀의 짝사랑 / 421

장시「빛과 어둠의 사이」에서 / 426

「서울의 하늘 아래」에서

미스터 싱글벙글 / 433

부부 사랑 / 434

사랑아 내 사랑아 / 435

사랑은 숨바꼭질 / 436

좌석 버스 안에서 / 437

숙맥아 벽창호야 / 439

아가(雅歌) / 440

하지만 자연이야 / 442

그대를 생각하고 / 443

못살겠네 하루도 / 444

시치미 떼지말고 / 445

내병은 의사도 / 446

「사행시백삼십사편」에서

여름의 토르소 / 449

꽃과 미소녀 / 450

첫사랑 / 451

입맞춤 / 452

그대 검은 머리는 / 453

꽃 / 454

무제 / 455

그대의 순결은 / 456

오 차가운 그대의 손 / 457

내가 바람 되어 / 458

달맞이꽃처럼 / 459

그대의 혀에서는 / 460

기운을 내어 / 461

입맞춤 / 462

포옹 / 463

설야(雪夜) / 464

어느 날 그대가 / 465

토성인 / 466

「가슴속의 시냇물」에서

이변 / 469

가슴속의 시냇물 / 470

나의 애인 / 471

이 마음 못물 위에 / 472

해설
영원한 결핍, 영원한 존재근거 · 정현기 / 473

✽ : 다음 쪽에서 연이 바뀜을 나타내는 표시

미수록 시편

어찌할까나

꽃을 따르는
꿀벌의 입술을

깊고 황홀한
못물에 스며드는 빛살의 눈을

피에 이끌리는
청동의 팔다리를

불꽃 튕기는
목숨은 가락

그 가락이 다하기까지는
어찌할까나

끊어질 듯 이어지는
샘솟는 사랑

그대는 온몸이

그대는 온몸이
광휘에 싸였어라
향기름 같은
그대의 사랑으로
이 몸을 씻어다오
백합의 냄새나는
그대의 흰 이마
비둘기 같은
두 눈에 이끌리어
와락 이 내 입이
그대의 입술
봉해진 샘에 닿자
꿀물이 흘러들어
골수에 사무친
목마름이 풀리누나
오 내 사랑
그대는 눈부셔라
보석의 빛보다도

나를 바라보는 그대의 눈빛 속엔

나를 바라보는 그대의 눈빛 속엔
풍요한 사랑의 바다가 있나니,
그 안에 이몸을 담그지 않고서는
내 영혼은 씻길 수 없어라.
밤길을 헤매던 자 등불을 만나듯
처음 그 사랑의 눈빛을 보았을 때
홀연 기쁨으로 이몸은 떨렸거니,
내가 찾았던 것, 늘 애타게
몽매간에도 그리워했던 것이
바로 그대의 눈빛이었고나!
하자 이 티끌몸은
활활 타오르는 장미의 불길 되고
얼었던 피는 녹아 노래가 되었거니,
진실로 오묘해라 그대의 눈빛
사랑의 묘약이여. 이몸을 꽃이게
불붙는 노래이게, 살고 싶은
무한히 살고 싶은 부드러움이게
만드는 신비를 그것은 지녔어라.
나를 바라보는 그대의 눈빛 속에
나 항상 새롭게 숨쉬게 하여다오.

활짝핀연꽃보다

활짝핀연꽃보다
더욱마음끌리기론
벙으러질듯오므린연꽃의
물오른꽃봉오리
사람으로치면
아직그이마에서
별빛순결이가시지않은
소년소녀들이
제일아름다운것과같이

달빛이녹아호수는달빛되다

달빛이녹아호수는달빛되다

달빛이스며소녀가홀로탄나룻배도달빛되다

뼈아픈실연의상처를달래면서

밤이이슥도록눈감고앉아달빛을숨쉬어서

소녀의한숨도내장도달빛되고

긴속눈썹도속눈썹끝에맺힌이슬도달빛되고

기슭의무수한낱낱의모래까지

갈잎도갈잎속벌레의울음까지

일체가달빛이라보여도안보이는것이나같네

들려도안들리는것이나같네

달빛이소녀인지소녀가달빛인지

소리가고요인지고요가소리인지

오월의 숲이었지

오월의 숲이었지 꽃보다 고운
나뭇잎 새록새록 윤이 돋는 시절
처녀 총각들은 사랑이 하고플 때
파란 하늘과 초록의 대지도
날마다 마음 놓고 포옹할 때라
오월에 취하여서 마치 신비의
공동(空洞)에서인 양 들리는 뻐꾸기
울음을 찾아 아니 실은 내 안의
꿈꾸는 피의 촉수에 이끌려서
나는 어질어질 숲길을 거닐었지
그러자 나는 내 두 눈을 의심했다
저만치 열린 초록의 선경(仙境) 속에
두 어여쁜 날씬한 가시내가 하나는 흰
하나는 빨간 블라우스 차림으로
꽃다운 향기를 뿜고 있었으니
그들은 저마다 수를 놓는 모양……
나는 와들와들 떨리기 시작했지
그러나 좀 뒤엔 태연히 팔짱 끼고
스무 살이던 나는 휘파람까지

바람에 날리면서 그 곁을 지나갔다
두 가시내는 고개도 아니 든 채
여전히 기도하듯 수를 놓았었고……

이젠 까마득한 옛날 일이건만
선명히 기억되는 까닭을 알겠구나
가시내들 못지않게 나도 그땐 마음속에
바래지 않을 수를 놓고 있었던 것을

그대와 나를 축복해 주듯

그대와 나를 축복해 주듯
달빛은 소리없이 은가루를 뿌리었지
처음 우리가 손에 손을 잡고
신비에 찬 숲길을 향했을 때

기쁨에 뛰노는 가슴을 누르면서
나는 무엇인가 쉴 새 없이 지껄였지
그대는 가만히 듣고만 있었지만
가슴의 고동은 가슴으로 깨닫는 것

숲 속 빈 터에서 우리는 감동했지
달빛 받아 하얗게 야들야들 달맞이꽃 피어나는
모습이 청순해서 눈물나게 귀여워서

그대의 볼에 살짝 키스를 하였을 뿐
꽃향과 이슬과 달빛에 젖은 풀숲에 누운 채
우리는 한동안 말도 잊었었지

서울 사는 시골뜨기

서울 사는 시골뜨기
내가 오늘은 명동을 거닐다가
휴전 후 십육 년에 아직도 검은
전쟁의 상흔을 안고 있는 건물도 보았네만
많이는 달라졌데 더구나 사람들
그 중에서도 아가씨들은 말야
모두 〈미니〉판야 김이 모락모락
이는 것 같은 미끈한 다리 다리……
어디서 모두 쏙 빠져 나왔을까
짙은 보랏빛 향기를 풍기면서
오 날씬한 몸매의 아가씨들
미끄러질 듯 사라져 가더라만
왜 그녀들 앞가슴은 그렇게
부풀어 있는지를 내가 모를라구
나는 취했지 술도 안했는데
왕년의 〈돌체〉 부근에서였어
갑자기 겨드랑이 근질근질해지더니
날개가 돋쳤나봐 공상의 날개
나는 그래서 보이지 않게 되어

길 가는 아가씨를 모조리 한 번씩은
가만히 몰래 살짝 포옹해 주었다네
서울 사는 시골뜨기
내가 오늘은 명동을 거닐다가

그대와 함께일 땐

그대와 함께일 땐
언제 어디서나
화창한 봄동산을
만난 것 같구나

사랑의 불꽃 튀는
그대의 눈을 보면
절로 이 눈에도
별빛이 이는구나

그대의 손을 쥐면
어찌 그리 쾌락한지
이내 온몸이
부드러워지는구나

사랑아 내 사랑아
목소리마저
나직이 속삭이듯
딴판이 되는구나 　　　　*

그대와 함께일 땐

말은 해도 좋고

안해도 좋아

침묵도 꿀이구나

연인들과 꽃다발

샤갈의 보랏빛 연인들이 포옹하자
키는 순식간에 자라고 자라나서
짙은 군청색 하늘에 닿았네
그러자 지붕들과 교회의 첨탑 위로
이름도 모를 희고 붉은 빛의
거대한 꽃다발이 하늘에 솟아
마을을 덮었네 향기로 채웠네
고요와 평화와 안식에 잠긴 그 곳
길가에 잠자던 나귀는 놀라운 듯
큰 눈을 뜨고 두 귀를 세웠건만
저절로 지붕 위의 비이올린은 울렸건만
아무도 몰랐다네 그때 하늘에는
꽃다발 곁의 연인들을 축복하는
흰 천사가 날고 있었음을

꽃과소녀와사과

여기저기사과사이

장미와연꽃이흩어진사이

곳곳에소녀얼굴

역시모두동글동글

사과처럼싱싱하다

꽃처럼어여쁘다

입술은장미냄새

콧김은사과냄새

제각기얼굴의방향은다르지만

머릿빛도제각기조금은다르지만

흰연꽃살결에사과볼은같아라

같아라그것들이근본은하나라

꽃이나사과나

사과나꽃이나

초록의 노래

당신 품에 길게 이몸을 눕혔을 때
나는 그만 달콤한 망각의 잠 속으로 빠져 버렸지요.
이윽고 다시 눈떴을 때의 신선한 놀라움,
나는 심신이 초록빛 일색으로 물들어 있었어요.

오오 그것은 당신의 빛깔, 당신의 입김, 당신의 향기……
우리의 가슴을 하나로 꿰뚫는
맑은 시냇물이 졸졸 흐르는 소리가 들려요.
저 하늘 높이 솟구치는 종달새의 환희의 노래도.

이다섯나부(裸婦)의목욕을위하여

이다섯나부의목욕을위하여
그풍만한알몸들을위하여
신은천지를창조하였던가
셋은아직도저만치냇물속에
미진한희롱을즐기고있지만
보라이신선한초록의풀밭위엔
태연히늘어진두개의알몸뚱이
탐스런알몸뚱이천지에가득하이
어찌이것이죄에물든살덩어리인가
피가잘돌아발톱이나유방이나
볼이나아랫배나복사빛아름다움
오오한결같이물먹은부드러움
그러나아직이건충족이아니다
익어서터질듯한생명의잠시휴식
그러기에한가운데가장아름다운
나부는손으로턱을괴인체
보이지않는미래를보고있다
그리고그옆에두팔을베개한
나부는덩달아그녀와동감이다

그래아직우리들은꿈속에있다고

우리들은누군가를기다리는중이라고

그녀의 눈은

그녀의 눈은
마르지 않는 샘
아무리 퍼내도
늘 하나의
별이 들어 있다

그녀의 귀는
가장 정밀한
사랑의 수신기
침묵 속에 깃든
언어를 듣는다

그녀는 입보다도
손으로 말한다
나의 까닭 모를
이마의 땀방울도
어느덧 사라지게

그녀의 머리칼은

밤의 부드러움

대낮에도

만지면 손바닥에

꿈이 묻는다

연가

온 종일 공산(空山)의 아쉬움으로
너를 생각했는데
그때 네가 보름달처럼
내 앞에 환히 나타난다면!

그 반가움을 뭐라고 말할까.
차라리 입 다물고
미소를 머금은 채
너의 손만을 두 시간쯤
쥐고나 있어볼까.

아니면 네 더없이 아름다운
물먹은 연꽃눈을
들여다보기 세 시간쯤,
하여 두 설레는
영혼은 차츰
활활 백금의 불길로 타오르게.

술집에서

그 오십대의 점잖은 동료와
사십을 넘은 과부, 수줍은 주모가
잔을 나누며 악수를 하는 순간
보라, 어쩌면 사나이 얼굴의
주름살은 서리 녹듯 자취도 없어지고
생기에 넘친 얼굴 속 얼굴,
만면에 피어나는 복삿빛 웃음이랑
별빛 눈빛을, 시간을 거슬러서
열아홉 동정남의
그 티없는 면목이 살아남을.
곁의 나도 덩달아 흐뭇할밖에,
나이를 잊게 하니 술은 좋은 것—

소곡

한때 나는 한 미소년을 사랑했다
장미를 사랑하듯 별을 외어 두듯
그 빛나는 미모를 보노라면
눈에서 비늘이 떨어져 나갔거니
지상에선 보기 드문 맑은 아름다움
천상의 휘황함이 서리어 있었기에—
지금 그 소년은 어떻게 되었을까
장미는 다시 피고 별은 빛나건만

「실내악」에서

무제

봄
죄인처럼
무릎을 꿇고 앉아 있겠어요
눈을 꼬옥 감아야 되겠지요
삼가 어지러운 마음을 모아
잊었던 당신만을 그리어 보겠어요
시들은 나무에 봄물이 오르듯이
제 야윈 가슴에 그리움이 고이면
이 눈이 얼굴이
다시 활활 타오를지요
저는 그러나 울지 못해요
저에겐 세상이 너무 밝더군요
그래서 이렇게 어지러운 모양예요
저는 매일
추악해지는 얼굴을 보고
간신히 살아 있는
자기의 목숨을 숨쉬고 있지요
허나 이젠 이렇게
두꺼비처럼 있기도 싫어요

차라리 영영 멸하여 버렸으면 좋겠어요
진정 곱고 아쉬운 그리움에
스스로의 목숨이 타는 줄도 모르고
밤을 지키다 사라져 버리는
촛불과 같이
저에게 다시 그리움을 주세요
이 눈이 얼굴이
활활 타오르는 그리움을 주세요

노을

타는 저녁 노을에
하늘은 불바다 빨갛습네요
산도 붉은 산
바위도 붉은 바위
그 속에 나두야 빨갛습네요

아 어디서
소녀의 노래가 들려 오네요
솔솔 바람에 실려 오네요
고운 그 소리……
맑은 그 노래……
그러나 아무리 되돌아보아야
소리의 임자는 보이지 않고
소리의 임자는 보이지 않고

내 가슴 속에도 노을이 타네요
내 가슴 속에도 노을이 타네요

등잔불은

등잔불은
하나의 죄그만 나라지요
밤이면 켜지는
등잔불은 가난한 가슴의 나라지요
사랑하는 사람에게
사연을 쓰다 못해 한숨 짓는
등잔불은 오롯한 사랑의 나라지요
한밤내 고요히 불타야 하는
등잔불은 어둠을 지키는 나라지요
그 온전한 처음의 모습대로
스스로 아늑한
등잔불은 하나의 죄그만 나라지요
밤이면 다시 환히 밝는
죄그만 나라지요

유심히 나를

유심히 나를
바라보던 네 눈에
우울한 시름이 고이었는데

이윽고 나에게 가까이 와서는
나직한 소리로 이르는 말이
내 눈에 오히려 말할 수 없는
깊은 수심이 어리었다고

슬픈 연가

겨울에 핀
수선화 같다.
네가 아니고선 차지할 수가 없는
순수공간 속에 너는 선연히 미소할밖에……
그 향기로운 맑은 파동이 순간 나를
황홀케 하면 너는 더욱 눈부신 윤곽을 지닌다.
싱싱해진다. 갑자기 주위가 조용해지고
또 환히 열리는 것이다. 우리 두 사람의
영혼의 창이 서로의 모습을 비추어 보는
바로 지금이 이승의 마지막 순간일지라도
오, 우리는 미동도 않으리라. 그리고 믿으리라.
세상은 참 너무도 아름답고 이 살아 있는
기쁨에 우리가 떨고 있는 한
죽음은 차라리 감미로울 것이라고.

※

언제인가 나는 단 한 번
네 입술에 입술을 대었던 기억이 있다.

어둠이 밀물처럼 우리를 휩싸고 우리의 안에서도
또한 갈증이 어둠을 타고 밀물져 나갔다.
살은 살을 불렀고, 살 속의 뼈가 서걱일세라
손은 손끼리 더듬다 못해 피가 입술로
망울져 오자 두 개의 입술은 타는 철쭉으로
맞붙은 것이었다. 비록 아무도 볼 수는 없지만
안으로 터지는 진홍의 기쁨. 그때사 순간은
영원이 되고 영원은 순간으로 몸서리치는 것.
허나 우리는 헤져야 했단다. 바람에 지는
덧없는 꽃잎다이. 네 가녀린 새침한 입술이
지금은 잊었을 이는 내 은밀한 꿈 속의 기억일까.
혹은 내 아득한 전생의 기억일까.

※

나는 눈멀었다. 못 견딜 아쉬움이
날 너의 집 문 앞에까지 이르게 하다가도
짐짓 돌아서는 나는 무엇일까. 맥이 빠진다.
다리가 휘청인다. 너의 그 연약한 손을

쥐기만 하더라도 나는 온통 풀릴 것 같은데.
우리의 육신은 자취도 없어지고 너의 손바닥과
나의 그것만이 하나의 화석으로 남은들 어떠리오
거기 따스한 우리의 체온이 서릴 수만 있다면.
그런데 이렇게 잡힐 듯 안 잡히는
너는 아지랑이. 아, 흔들리는 꿈 속의 꽃일레라.
왜 나는 항시 이만치 서서 돌이 돼야 하나.
오라, 좀더 꿈이 아니라면 가까이 와서. 나의 가슴은
스스로 익어 터지는 석류알. 그 알알이 발하는
빛을, 그것을 믿어 다오. 그것은 네 것이다.

두 개의 손이

서로 의지하며 울고 있다.
그 이외엔 아무 것도 없는
어둠에 싸여, 뿌리도 없이 자라난 식물 같은
열 개의 손가락이 어떻게 이렇듯이 만나게 되었을까.
이제 다시는 떨어질 수도 없이 어울린 모양이
바로 사람 인자(人字) 같기도 하고, 세계의 얼굴인 양
너무도 엄숙하다. 그저 있다는 죄로 말미암아
순수모순 속에 살아야 하는
그것은 기도. 눈물의 사탑(斜塔)이다.

즉흥소곡

샹들리에 꽃불 아래에서.
모두 피곤한 듯 묵묵한 사람들의
얼굴이 피어 있다.
한때의 연인이 지금은 남의
청순한 아내. 이만치에서
난 〈사슴〉의 자연(紫煙)을 피울 따름.
까아만 머리 아래 까아만 비로드
뒷모습만 보인다. 남편인 듯
맞은편 사나이의 얼굴이 화려해라.
샹들리에 꽃불 아래에서.

골(骨)과 향수(香水)

골(骨)

어머니 자궁 속의 태아와 같이
밀폐된 관 속에 그녀는 황골로 불만이 없었다.
그 볼을 곱게 물들이던 피 한 방울, 머리칼 하나,
살 한 점 안 남기고, 남 몰래 사랑으로
빛났을 눈동자. 아, 한 번도 사나이 가슴을
대 본 일이 없었기에 수밀도처럼 익었을
젖가슴의 심장이나마 남은들 어떠리오. 허나
조촐히 골만 누웠네요, 땅 속에 자라난
무슨 기묘한 식물과도 같이. 아름다운 변신일까.
그녀가 묻힌 지 십오 년 만에 발굴된 무덤,
이 제껴진 관 속에 쏟아지는 햇빛의 조롱이여.
무덤 파는 일꾼의 굵직한 손가락이 골에 닿자마자
마디마디 으러지는 그것은 가루, 보니 두골이
치워진 자리엔 반쯤 담겨진 향수병 하나.

향수(香水)

고승의 골회에선 영롱한 사리가 나온다지만
그녀의 고운 마음, 향수로 화함인가 — 피도 힘줄도
내장도 살도 그 몸을 감았던 베옷과 함께
삭아서 검은 티끌 위에 홀로 숨쉬는 향수병.
투명한 그 속에 반쯤 담기어, 상기 은밀히 떨고 있는
향수의 내력을 어느 시인이 풀이할 수 있으리오.
별에 흘렸던 그녀의 눈물, 잠결에 새어난
한숨이 모여 향기로운 이슬다이 어리운 것일까.
이젠 영원히 새어날 수도 없이, 유리 그릇 속에
죽음을 뚫고 고여진 사랑. 허나 이 그지없이
고귀한 향수에게 햇빛은 잔인해라, 차라리 흙을
그 팍팍한 흙을 덮으랴오. 다시 십오 년이 지나간 뒤
이곳에 길이 나고 집들이 설지라도, 그녀의 고혼이야
깊고 어둔 흙 속에 보석으로 오롯이 맺히리니.

「청동시대」에서

새봄의 기도

이 봄엔 풀리게
내 뼛속에 얼었던 어둠까지
풀리게 하옵소서.
온 겨우내 검은 침묵으로
추위를 견디었던 나무엔 가지마다
초록의 눈을, 그리고 땅 속의
벌레들마저 눈뜨게 하옵소서.
이제사 풀리는 하늘의 아지랑이,
골짜기마다 트이는 목청,
내 혈관을 꿰뚫고 흐르는
새 소리, 물 소리에
귀는 열리게 나팔꽃인 양,
그리고 죽음의 못물이던
이 눈엔 생기를, 가슴엔 사랑을
불붙게 하옵소서.

바닷가에서

뭍이 다한 곳에
영원(永遠)이 펼쳐져
있는 것을
보았다
그
꽃다운
나신(裸身)의 처녀는.
아직 아무도
이르러 보지 못한
이 태초의
물보라 치는
모래톱
위에 앉아,
귀 기울이는
세포 알알이
스미는
무궁동(無窮動)에
황홀히
넋 잃다가

문득 들려오는
유방의 율동!
죽음 속에
목숨이 되살아나듯.
이 유한(有限)과
무한(無限)의 사이에서
그녀는 한낱
인간임을
깨닫고
울었다.
그 울음에
놀라 달아나는
갈매기
한 마리
그 곳엔 없었다.
끝없는 되풀이,
바다의 혓바닥은
모래 위의
눈물

흔적을
지우고,
그녀가
흰
손가락으로 쓴
〈바다 만세〉의
글씨도
지우고.
어느새
사르르
그 짙푸른
무궁동 위에
안개가 깔리자
사방에서
어둠이 밀려왔다.
하늘과 바다와
땅은
바야흐로
겁초의 혼돈으로

녹아 내린 듯,
별빛조차
새지 않는
거기
어둠 속에
희끄무레
빛나는
것,
나신(裸身)의 처녀여,
상기
온몸으로 귀 기울이며
말을 잃고 있는.
허나 이제
그녀는
꿈꾸지 않는다
저 무궁동의
리듬이 그대로
그녀의 무구한
피의 수레바퀴,

부푸는 유방의
가락이 되었기에.
밤이 깊을수록
선명해지는
바다의 꿈,
그녀의 순백의
나신을 위하여
지금 우주(宇宙)는
어둠 일색이다.

새해의 십사행시(十四行詩)

새해엔 나도 장가를 들꺼나.
새마음 새몸으로 새롭게 살기 위해
지난해 그믐밤엔 목욕을 하였거니
새봄엔 나도 장가를 들꺼나.

거멓게 익은 머루의 눈동자와
눈처럼 흰 속살의 각시하고
꾸미는 신방은 나날이 감미로운 꿈으로 차리,
부푸는 연꽃 봉오리 속인 양.

너무도 오랫동안 혼자서 살아왔다.
삽살개 뒷다리의 궁상을 몰아내자,
비참을 불사르자, 시를 쓰더라도

이젠 정말 행복한 시만을 쓸 일이다
눈보다 희고 빛나는 시를. 읊는 이마다
피가 맑아지고 어금니에 향기가 일게 되는.

연가

나는 네 안에 빠지고 싶다
하늘이 못물 속에 잠기어 있듯이.

눈은 눈 속으로, 살은 살 속으로
더불어 흐르면 목숨은 타는 불.

홀로 있을 때도 너는 나의
가장 깊은 안에 숨쉬고 있고나.

뼛속의 어둠에서 피어난 꽃이여,
나와 하나이면서 떨어져 있는 섬.

공포와 기쁨

네 눈이 보자마자 내 눈은 돌.
네 손이 쥐자마자 내 손은 지푸라기.
네 살이 닿자마자 내 살은 잿더미.
네 뼈가 건드리자 내 뼈는 철사.

※

내 눈이 보자마자 네 눈은 별.
내 손이 쥐자마자 네 손은 장미.
내 살이 닿자마자 네 살은 꿈.
내 뼈가 건드리자 네 뼈는 백금.

육체

그렇게 외면을 하지는 마시고
나와 비슷한 냄새가 나는 그리운 사내여
이몸을 받아 삼켜 주시든지 마음대로 하세요.
바위 속을 흐르는 밤의 혈액처럼
익은 이몸에 걸친 것이라곤
빨간 산머루 귀걸이밖엔 아무 것도 없습니다.
이미 나의 코는 그대의 짐승스레
털이 난 볼 속에 파묻혀 버렸어요.
서로 얼크러진 칡덤불 같은 우리 두 사람의
머리칼 아래 숨어서 삽시다요. 어서
그렇게 외면은 마시고, 나와 비슷한
냄새가 나는 그리운 사내여. 이 반쯤
벌어진 입술을 깨물어 주시든지 마음대로 해 주세요.

이젠 더 갈 데가 없는 나는
그대의 안으로 도망 갈밖에.
이몸이 녹아 씨거운 물로 그대의 발 밑을
흐르기 전에 나는 온통 빨려 들어가도
그만이에요, 그대의 떨리는 입술을 통해.

메아리 애가(哀歌)

　　1
나는 메아리,
부르면 울리는 소리는 있어도
모습은 없습니다.

꽃인가 하고 지나가던 나비도 앉았던 입술,
그 입술에서 쉴 새 없이 샘솟는 속삭임에
수런대던 시냇물도 무색해지더니.
님프 중의 님프이던 이몸의 아름다움.
언제나 새로 물에서 솟은 듯
물방울 듣는 영롱을 자랑하던.
별과 바람, 풀과 나무뿐만이 아니라
제신(諸神)의 귀여움을 한몸에 모아
그저 신명나게 즐겁기만 하던
그날이 어제런듯 떠오르건만,
이몸은 없어지고 소리만 남아 떠도는 신세……

　　2
오, 헤라님, 저는 제우스를 사랑하진 않았어요.

또 제우스가 저의 벗들 중 누구에 마음을
두었는지도 저는 모를 일,
그저 즐거워서 지껄였을 따름예요
바람이 나무에 속삭이듯이.
그런데 당신은 벌을 주셨으니
남의 말끝만을 받아서 넘기도록.
실없이 입술을 놀린 게 죄였다면
이건 너무도 혹독한 형벌.
말을 빼앗기면 남은 이몸이야
빈 껍질인 걸, 시들어 사월밖에.

   3
그리움이 얼마나 애타는 일인가를
나는 몰랐지요, 나르시스를 만나기 전엔.

저만치 숲속에서 꿈꾸는 듯
이리로 걸어오던 그의 발길엔 날개가 돋친 듯
소리도 없었어요, 어느새 뒷모습이
내 눈물 어린 시야에 들어오다 사라져 버리데요.   *

가슴 미어지는 이것은 아픔인가, 그리움인가.
살 속의 살이 터지는 듯, 핏속의 피가 용솟음치는 듯
뼛속의 뼈가 녹아내리는 소리가 들렸어요.
낮이나 밤이나 이 눈엔 불을 켜는 사랑의 갈증.

나르시스, 나르시스, 나르시스, 나르시스
혼자서라도 지껄이고 싶었어요, 사랑의 주림을
이 부드러운 어둠에 달래면서 나뭇잎에라도
문지르고자, 그러나 입술이 떼져야 말이죠.

눈먼 피의 수레바퀴만을 감돌다 못해
안으로 삭곤 하던 심중의 한마디,
사랑한다는, 사랑한다는 이 한마디를
끝내 못했군요, 그래서 혀가 굳은 거예요.

그 처음이자 마지막 기회가 닥쳐왔을 때도
그저 이몸은 당신의 말끝만을 중얼이다가
무안을 당한 그 부끄러움, 분함에 못 이겨서
어쩔 줄을 몰랐지요, 그래서 이몸을 숨긴 거예요. *

깊은 골짜기, 별도 안 드는 어둠의 굴 속으로,
그 속에서도 허나 이몸이, 이 피와 살이 있다는 것은
못 견딜 굴욕, 그래서 마침내 없어진 거예요.
이몸은 멸하여도 그리움은 남았기에
나는 메아리, 소리만 남아 떠도는 신세.

   4
오, 나르시스, 불쌍한 나르시스,
이제 나는 당신을 탓하진 않습니다.
그 스스로의 아름다움으로 말미암아
눈뜬 장님이던 불운한 나르시스.

비정(非情)의 거울, 그 못물에
비로소 눈을 씻긴 순간이 그대로
당신을 영원히 못박히게 하는,
꽃이게 하는, 나르시스이게 하는 숙명일 줄이야.

당신의 최후에도 나는 누구보다
가장 가까운 당신의 곁에 보이지 않는

파동으로 떠돌고 있었지요.
부르면 울리는 공기의 정(精)으로
당신 입가에 나는 떨면서 있었던 거예요.

오직 자기밖엔 사랑할 수가 없는 오뇌와 황홀,
그 말라죽을, 저주 받은 당신의 전율을
왜 내가 모르겠어요, 채워질 길이 없는
그리움으로 마침내 이몸이 없어진 내가.

잘 있거라 한마디, 스스로의 모습에게 당신이 남긴
최후의 그 말을 얼빠진 내가 되뇌일 때엔
이미 당신은 사람이 아니었죠,
못가에 수그린 한 떨기 꽃.

꿈속의 바다

은어떼, 금어떼가 우글거리는
꿈속의 바다는 뭇 휘황한
별들이 목욕하는 욕탕인가.
혹은 온갖 빛깔로 피어난
열반의 꽃밭인가, 죽은 이들의
영혼이 맑은 이슬로 맺히는.

무수히 고운 수정의 티끌로
차 있는 하늘, 그 한복판에
실신한 달은 누구의 지문인가.
이미 절반은 떨어져 나간
두개골과도 같은 달은 어쩌면
저승으로 통하는 관문인가.

인적이 끊긴 모래톱 위엔
크나큰 소라가 열려 있어
그 안엔 서로의 알몸을 보듬고
잠든 연인들, 그들 두 사람은
소라의 꿈이어라, 붉고 푸르게
설레는 소라의 아무도 모를.

라일락속의연인들

라일락사태났네
달빛사태났네
라일락꽃에싸여길게누운
너무오래서로보아비슷해진연인들은
그냥여기가흰라일락
붉은라일락보랏빛라일락
의고향인하늘나라
낮도밤도없는신선의나라
인양어리어있을따름
도처에꿈같은달빛이흐를따름
흰라일락에선흰달빛이
보랏빛라일락에선보랏빛달빛이
풍기네달빛이사랑의비늘돋친연인들몸에서도
하늘의일각에도길이땅위에흐르는강물에도
딜이녀있네은쟁반같은달이
연인들가슴속엔라일락꽃내나는사랑의달이
사랑사랑이이렇게좋은줄을
이대로지금이영원인줄을
사랑사태났네
라일락사태났네

애가(哀歌)

저만치 너를 보기만 해도
내 불붙는 살 속에선 진한 사향이 풍겨 온다.
더구나 네가 꿈꾸는 듯 내 앞을 지날 때엔
나는 저절로 울리는 악기. 그러나 너를
건드릴 수는 없다. 내가 너에겐 뵈지가 않으므로.
이 죽음의 껍질 속에 깃든 티없는 살을,
이 돌의 눈 속에 은밀히 애타는 에로스를
너는 모르건만, 바로 또 그 까닭에
나는 이미 네 것, 어찌할 수도 없이.
때로 너를 온통 눈부신 장미이게 만드는 피,
수정의 눈에 고이는 이슬, 잠결에도
네 꿈 어린 입술을 떨게 하는 한숨은 나다.

「빛과 어둠의 사이」에서

빈 술잔의 노래

혼자 사는 여자가
혼자 사는 남자에게
술잔을 보냈다
순박한 백자(白磁)의

남자가 손을 씻고
정좌(靜坐)하여
그 부드러운
살결을 만지니

빈 잔 가득히
어렸던 공기
저절로 녹아
투명한 미주(美酒) 되다

남자는 그때사
깨닫고 끄덕인다
여자는 결코 빈 술잔을
보낸 게 아니란 걸

그대 긴 검은 머리……

그대 긴 검은 머리 이방의 소년이여
꿈꾸는 듯 미소를 머금은 눈매엔 언제나
보랏빛 은하수가 주렴처럼 드리웠고

풋딸기 냄새 나던 그대의 입술,
겨우 묻는 말에나 대답을 하던
그대는 좋아했지 음악 그 중에서도 비틀즈

그대의 장밋빛 손톱을 바라보면
나의 피 식은 가슴도 다시 설레일 만큼
(정말 희한한 아름다움이었거든!)

그런데 어느 날 나는 보았다
갑자기 그대는 사춘기에 접어든 듯
흰 이마엔 여드름도 드문드문……

더구나 그 손톱, 달라진 손톱
황홀히 아름답던 노을이 꺼진 뒤의
하늘의 표정으로, 담담한 빛깔로

선덕여왕과 지귀의 짝사랑

선덕여왕은 온 서라벌을 덮었던 연꽃
그 향기는 멀리 당나라 태종의 코에까지
더없이 용맹하고 충성된 신하
삼국을 주름잡은 김춘추와 김유신도
여왕의 그늘 아래 사자로 키워졌다
선덕여왕은 온 서라벌을 덮었던 연꽃

여왕의 총명은 하나를 들으면 열을 알았다
그러기에 개구리 울음만 듣고도
잠복한 적병의 소재를 알았던 것
나중엔 당신의 임종 날짜와 묻힐 곳마저
환안히 꿰뚫어 본 여왕의 예지는
정히 이승과 저승을 하나로 비췄던 거울

홀어미 홀아비들 없는 자들을 불쌍히 여겨
두루 따스한 손길을 뻗쳤고
저 안 보이는 천공에까지 관심을 쏟아
첨성대를 세웠기에 해와 달은 물론
별들까지 여왕을 사모했다 줄줄 따랐다

여왕의 옷자락에 닿기를 원했다

지귀는 서라벌 무명의 시골뜨기
있다는 건 한 줌의 빈궁밖에 없었건만
무엄히도 여왕을 짝사랑하였으니!
밤낮 여왕을 사모하고 애태우다
피골이 상접했다 피와 살이 넉넉해야
꿈속에서나마 그리워할 터인데

단 한 번 여왕의 행차를 뵈었을 뿐
그러나 여왕의 얼굴을 본 순간
지귀는 우화등선한 듯한 환희로 가득 찼다
임금의 위엄 속에 그 빛뿜는 살결이 지닌
황홀한 아름다움 넉넉한 부드러움
그 뒤로 지귀는 곧잘 남몰래 눈물을 흘렸다

어떠한 살도 여왕의 살결 앞엔
나무 껍데기요 기왓장에 불과했다
어떠한 꽃도 여왕의 눈빛 앞엔

바람에 날릴 잿가루에 불과했다
오직 여왕에만 얼빠진 지귀 신세
눈뜬장님이요 벙어리 냉가슴

그러나 지귀의 그 아프고
뒤틀린 살 마르는 바작바작 피 마르는
소리는 차츰 여왕의 귀에까지
들리게 되매 여왕은 결심했다
만나 주리라고 지귀란 사나이를
불공을 드리러 큰 절에 행차할 때

지귀는 기다렸다 탑 아래 기대어서
여왕이 절을 다녀서 나올 때만
기다리고 기다렸다 그러나 아뿔싸!
자신도 모르게 홀연히 잠들다니!
그동안 견디었던 온몸의 노곤함이
일시에 풀린 듯 지귀를 압도했다

여왕은 차마 지귀의 깊은 잠을

깰 수가 없었다 그 넋 나간 필부의 잠을
설사 신인들 깰 수가 있었을까
그저 묵묵히 손목의 금팔찌를
여왕은 끌러 그 초췌한 지귀의 가슴 위에
얹어 두고 환궁했다

지귀는 꿈속에서 여왕을 뵈었다
벙으러질듯 미소를 머금은 꽃다운 입술
여왕은 서서히 가까이 오시면서
오오 그대가 지귀인가 하시기에
그만 눈물이 솟는가 싶더니
꿈이었던가 여왕은 간데없고

잠에서 깨어난 지귀의 가슴 위엔
여왕의 금팔찌만 광채를 번뜩였다
이젠 다 지나가 버렸구나!
천길 벼랑 아래 떨어져 내린 듯한
아픔과 뉘우침에 그래도 가슴이
찢어지지 않은 것은 금팔찌 덕이더냐 　　　*

지귀는 일어났다 어질어질 일어나서
탑을 돌더니 그저 한없이 돌고 돌아
천지가 노오랗게 빙글빙글 돌더니만
창자가 마디마디 끊어지면서
눈에선 불이 났다 재도 안 남기고
온몸이 활활 불길로 타올랐다

장시 「빛과 어둠의 사이」에서

9

눈먼 피라도
갈애(渴愛)의 살이라도
피는 피끼리 더불어 흐르기를
살은 살끼리 더불어 닿기를 원하는 마음
칠흑의 그리움이 이몸을 태우면
골수에 절은
오뇌는 더욱 병들게 마련

눈먼 피는 피가 아니기에
갈애의 살은 살이 아니기에
아무리 서로 껴안고 비벼대도
물고 빨고 별짓을 다 해 봐도
청동색으로 질려만 가는 살에
사랑의 밀물피는 돌지 않네
오히려 치성하는 갈애의 흐느낌
뼈가 마디마디 우는 소리
채워질 길이 없는 아쉬움만이
무한 탐욕의 아가리를 벌릴 따름

타는 갈애의 모래알 혓바닥엔

쩍쩍 갈라지는 모래의 갈증만이

끓는 탐욕의 뒤얽힌 내장에는

허옇게 말라붙은 소금의 갈증만이

더욱더 심해질 뿐

차라리 타서

활활 타올라서 잿더미로나

사위면 좋으련만

그저 지글지글 끓기만 하는 이몸

저주받은 물질이여

송두리째 내어준들

개도 안 먹으리

　10

아주 새로운 별이 태어난다

사랑의 살이 사랑의 살에 닿는 그 순간엔

천사(天使)도 저만치서 뒤돌아보고

가장 순수한 장미의 기쁨도 무색해질 판　　　　*

오랜 갈구의 시간의 때가
잠시나마 영원에 씻겨내리는 희열

연인들에겐 이러한 환희가 주어져 있음이여
그러나, 그러나
그 연인들의 사랑의 행위는
또한 동시에 얼마나 절망적인 몸부림인가
뒤엉킨 사지의
불꽃 튕기는 살 속에 박힌
시간의 동아줄이
아주 삭아서 없어지면 모르지만

살로써밖엔 채워질 길이 없는
영혼의 목마름이 있다고 하자
살로써만은 채워질 길이 없는
아니 더욱더 날이 갈수록 심해만 가는
영혼 속 영혼의 목마름은 어이하랴

※

이 세상에선 인간 중에서는
처음과 끝의 인간
시간의 때를 여의고 있는 이들
하늘의 살을 가진
영아(嬰兒)와 성자만이
영혼의 목마름을 면하고 있다

그들이 지닌
그 절대의 고요와 부드러움
그것은 녹아
물, 물, 물, 물, 무아(無我)의 빛샘물로
콸콸 솟아 넘쳐서 흐르건만
이 사막의 세상을 적시건만
낮이고 밤이고
간단없이 모래의 삭막함을
영성(靈性)의 꽃밭으로 바꾸고 있건만

「서울의 하늘 아래」에서

미스터 싱글벙글

아내가 있어
말은 안 해도 그가 부르는 뜻
눈으로 알아듣는
어여쁜 아내가
추운 겨울에도 셔츠바람으로
견딜망정
아내에겐 외투를
사주는 싱글벙글

자식이 있어
말은 안 해도 그가 아끼는 뜻
핏줄로 알아듣는
귀여운 자식이
해 짧은 겨울이라 한두 끼쯤
굶더라도
자식에겐 과자를
사주는 싱글벙글

부부 사랑

칠칠한 검은머리
파뿌리 되도록
사랑하고 사랑해낸
부부의 아름다움

지아비는 이빠지고
중풍에 걸렸건만
지어미는 귀가멀어
말도 잘 못듣건만

지아비 시중은
지금도 지어미가
지어미 걱정은
지금도 지아비가

백번을 거듭난들
부부될 인연따라
사랑하고 사랑해낼
부부의 아름다움

사랑아 내 사랑아

사랑아 내 사랑아
한숨이 되어
입밖에 꺼지다니
그녀의 손목한번
잡아나 볼일이지
아무도 없었는데
놓치어 버리고서

사랑아 내 사랑아
눈물이 되어
남몰래 흐르다니
그녀와 입술한번
맞추어 볼일이지
별빛도 없었는데
가도록 놔두고서

사랑은 숨바꼭질

사랑은 숨바꼭질
총각 나타났다
처녀야 숨어라
그러나 머리칼이
약간은 보이도록

사랑은 숨바꼭질
처녀 나타났다
총각아 숨어라
그러나 기침한번
하는건 잊지말게

좌석 버스 안에서

코는 좀 들렸으되
들창코는 아닌
그야말로 미인형
아가씨였지
처음엔 눈이 알아
흰 목덜미 솜털만이
보였던 것을
다음엔 코도 알아
칠칠한 머리칼의
향기에 취하였네
그러나 별수없이
뒷좌석에 앉은 나는
아가씨 뒷모습만
안으로 꺼지는
한숨으로 더듬기
십 분쯤 해서일까
그녀는 내리더라
그때 겨우 훔쳐 본
철렁한 옆모습

코는 좀 들렸으되
들창코는 아닌
그야말로 쏙 빠진
아가씨였지
들찔레 같은
아가씨였었는데
왜 나는 덩달아
내리지 못했을까
왜 나는 항시
홀로 남아
이런 푸념만
뇌이고 있을까

숙맥아 벽창호야

너는 왜 모르나
숙맥아 벽창호야
네가 내 간장을
녹이고 있다는 걸

너는 왜 못 듣나
천치야 벽창호야
내가 새벽마다
부르는 네 이름을

너는 왜 못 깨닫나
바보야 벽창호야
너를 쏘아보는
내 눈의 에로스를

너는 왜 못 잡나
숙맥아 벽창호야
꿈속에서조차
네게로 내민 손을

아가(雅歌)

남풍이 불더니만
내사랑 오는구나
칠칠한 머리칼을
바람에 날리면서

이마엔 백합의
향기가 어렸구나
어쩌면 너의눈은
비둘기 같은것이

솔로몬 아가에
나오는 여인같네
우리도 가자꾸나
포도밭 넝쿨아래

풀잎의 침상에서
기나긴 입맞춤은
꿀보다 달았거니
목숨의 감로수여 *

내팔을 베개하고
어느덧 잠들었네
코끝엔 이슬땀이
내사랑 어여뻐라

그렇다 네가절로
잠에서 깨기전엔
꼼짝도 안하리니
편안히 쉬어다오

하지만 자연이야

바위도 알고있고
구름도 보았지요
우리가 포옹한걸
하지만 자연이야
뭐라고 하나요?

그대를 생각하고

그대를 생각하고
거리를 헤맬 때엔
약속도 안했는데
잘도 만나지데

그대 또한 나를
간절히 사모하는
정성이 우릴 서로
당기게 하였던 것

사랑의 마력이여
우리는 전생에도
이렇게 만났던가
이렇게 헤졌던가

못살겠네 하루도

못살겠네 하루도
임 없이는 못살겠네

물로도 끌 수 없고
모래로도 끌 수 없는

임 생각 불이 붙어
온몸에 불이 붙어

못살겠네 하루도
임 없이는 못살겠네

이 눈에 타는 불은
임의 눈만이 식힐 수 있고

이 가슴 타는 불은
임의 가슴만이 끌 수가 있나니

못살겠네 하루도
임 없이는 못살겠네

시치미 떼지말고

제니야 제니
금발의 제니
기타 칠터이니
그대가 좋아하는
사랑노래 칠터이니
내볼에 어서 살짝
키스해 주어야지
안그래 제니

제니야 제니
금발의 제니
기타 칠터이니
시치미 떼지말고
사랑노래 칠터이니
강아지만 껴안고
좋아할 게 무어람
안그래 제니

내병은 의사도

내병은 의사도
고치지 못했어
양약도 한약도
소용이 없었어

그런데 네가와서
내손을 쥐었기에
병이 나은 거야
이것은 진실이야

「사행시 백삼십사편」에서

여름의 토르소

이 토르소에 손을 대어 보라
물약의 즙이 묻어날 것이다
이 토르소에 입을 대어 보라
불이 일 것이다 장미의 불이

꽃과 미소녀

꽃잎이 꽃잎끼리 살을 비벼대듯

미소녀가 미소녀를 사랑한다 그러나 어찌하랴

꽃잎이나 미소녀나 시들면 티끌인 걸

꽃을 보노라면 미소녀는 슬퍼진다

첫사랑

첫사랑 냄새는 청포도 향기
첫사랑 맛은 새콤한 딸기 맛
첫사랑 빛깔은 라일락 보랏빛
첫사랑 눈물은 풀잎의 이슬

입맞춤

연인들의 입맞춤을 돌에 새기어라
다시는 서로 떨어지지 아니 하게
그러면 돌도 깨닫고 전율하리
겉으로는 태연히 시치미 떼더라도

그대 검은 머리는

그대 검은 머리는 백발이 되었건만
얼굴에 더욱 주름살은 늘었건만
아 여전해라 그 눈짓 그 웃음은
나를 울려 주는 그대의 마음만은

꽃

너는 두 시간을 견디지 못해 가버렸지만
네가 주고 간 노란 꽃은 곱게 피었구나.
볼수록 너답게 향기롭고도 싱싱한 꽃아,
꽃만은 온종일 내 사랑 받더라도 외면을 안하리.

무제

입맞추라 입맞추라 흙의 살에……
입맞추라 입맞추라 별의 정액에……
입맞추라 입맞추라 불의 혓바닥에……
입맞추라 입맞추라 바람의 뼈에……

그대의 순결은

백합의 순결도 따르지 못하나니,
장미의 불로도 지질 수 없나니,
하물며 이몸의 쓰디쓴 담즙이나
노란 한숨으론 어림도 없고말고!

오 차가운 그대의 손

오 차가운 그대의 손, 더구나 그 차가운 입술!
마치 지난해 섣달 그믐날에 내가 보았던
서해의 그 싸늘한 체온, 그 푸르죽죽한 혼령만큼이나
나를 후들후들, 정신없이, 떨게 하는구나.

내가 바람 되어

내가 바람 되어 그대에게 불어가면
그저 수그러지기만 하는 풀잎의 그대,
그 풀잎 위에 오늘은 이몸이 녹아서 마침내
한 방울 투명한 이슬로 맺히리라.

달맞이꽃처럼

낮에 보면 달맞이꽃처럼 생기가 없고

노랗기만 한 그대의 얼굴이

어스름이면 이 내 품 속에서 피어나네, 피어나네,

하얗게 야들야들 이슬을 머금고……

그대의 혀에서는

그대의 혀에서는 꿀과 풀잎의 냄새가 나고,
그대의 눈에서는 별과 이끼의 냄새가 나고,
그대의 살에서는 나비와 라일락 냄새가 나고,
그대의 뼈에서는 우유와 밀초 냄새가 나고,

기운을 내어

기운을 내어, 사랑하는 사람아, 오늘은 오라,
풀밭으로 달려서 오라, 긴 검은 머리칼
바람에 휘날리며 맨발로 오라, 불길이 되어,
쏜살이 되어 이몸을 꿰뚫어라, 그대를 기다리는.

입맞춤

남녀가 서로 꼭 껴안다 못해 하나가 되었구나
눈은 눈끼리 입술은 입술끼리 사지는 사지끼리
다시는 못 떨어질 이 무언의 전율을 보라
남녀가 서로 꼭 껴안다 못해 돌이 되었구나

포옹

으스러지도록 그대를 껴안아야,
살은 가루 되고 피는 말라서
천지가 누를 황(黃)이 될 때까지
그대를 껴안아야, 키스를 해야,

설야(雪夜)

눈이 소리없이 쌓이는 밤이면
모든 사람들은 이내 깊은 잠으로 떨어진다.
다만 한 사람 시인은 깨어 있어,
촛불을 켜고 끝없이 긴 편지를 쓴다.

어느 날 그대가……

식탁 위에 두고 간 초록의 아이비는 자라고 자라
드디어 치일칠 마루에 닿았건만
그대는 어디에 잠적하였느뇨, 백옥(白玉)의 그대,
그 사철 초록을 볼 적마다 꽃처럼 떠오르네.

토성인(土星人)

숲속에서 길을 묻는 토성인을 만나다.
이내 자연스럽게 포옹하고 입맞추다.
바람이 바람을, 물이 물을 만나듯이.
그의 입술에선 보랏빛 오랑캐꽃내가 나다.

「가슴속의 시냇물」에서

이변

오늘 그대는 한없이 열리어서
나를 황홀하게 해줄 듯싶더니만,
그 샛별의 눈동자 지자
사랑의 풀무, 콧구멍에선 식은 바람 일고

풀리기 시작하네 서서히 안개로……
라일락 향내 나던 그대의 살,
그 살 속의 꿈꾸던 피도
노글노글하던 하이얀 뼈도.

그대를 보듬은 두 팔에 아무리
힘주어 본들, 이제는 늦었구나,
그대를 범한 능력이 내겐 없다.

마침내 그대는 온통 풀리어서
안개의 바다, 그리하여 나만이 홀로 남았구나
그대를 보듬었던 알몸의 자세대로.

가슴속의 시냇물

서울의 개천이란 개천엔 이제
똥물이 흐르나니
복개한 그 위에 차들이 질주하며
뻔질뻔질한 차들이 질주하며

연방 시커먼 방귀를 뀌어대니
공기만 더욱 혼탁해질 뿐
뽀얗게 먼지를 뒤집어쓰고
길가의 장미도 티끌로 사위는데

사랑하는 사람아 사랑하는 사람아
어디서 눈을 씻고 숨을 돌리리오
그대 가슴속에
맑은 시냇물이 흐르지 않는다면

나의 애인

나의 애인은 말이 없습니다.
나의 애인은 공기의 혀와
    안개의 살을 가지고 있습니다.
나의 애인은 이몸이 아파야
    홀연 바람처럼 나타납니다.
나의 애인의 별빛 눈동자를
    본 이는 세상에 나밖에 없습니다.
나의 애인은 껴안을수록
    아주 속절없이 사라져 버립니다.
나의 애인이 가장 아름답게 빛나는 때는
    내가 홀로 이만치 서서
    바라볼 때입니다.
나의 애인의 목소리를 꼭 한 번
    들은 적이 있습니다. 그것은 이끼 낀
    돌 틈을 흐르는 물소리 같았어요.
나의 애인은 때로 한낱
    미미한 향기에 지나지 않습니다.

이 마음 못물 위에

이 마음 못물 위에
흰 연꽃 한 송이를 남겨놓고 가셨어요.
님은 떠나신다는 말도 없이
어디로인가 새가 날아가듯.

그 연꽃은 시들 줄을 모릅니다.
활짝 피어난 채 낮이나 밤이나
그윽한 향기를 뿜고 있습니다.
꽃잎 위의 이슬도 그냥 그대로.

나는 눈 감는 버릇이 생겼어요
그 황홀한 연꽃을 보기 위해.
나는 시간 가는 줄을 모르고 지냅니다.

때로는 이몸도 그냥 고스란히
한 송이 연꽃으로 피어나는 모양예요.
그러면 나와 님이 하나가 된답니다.

해설/朴喜璡 作品論

영원한 결핍, 영원한 존재 근거

정현기 (문학평론가)

[I] 역사상 변하지 않고 끊이지 않는 인류 공통의 꿈이나 혹은 관심사를 든다면 아마도 '사랑'을 빼놓을 수 없을 것이다. 이 사랑의 개념은 프랑스 혁명의 정신적인 두 개의 양립할 수 없는 지주였던 '평등'과 '자유'를 존립 가능케 한 '박애' 정신으로 확대됨은 물론이고 정신적인 거인들이 인류에게 무조건 베풀기를 가르친 사랑까지를 포함해서, 그 수많은 문학 작품들의 중요한 서브젝트가 되어 왔다는 사실을 누구나 손쉽게 확인할 수 있는 일이다. 그렇기 때문에 이 개념은 시간과 공간을 뛰어넘는 관념으로 살고 있을 수밖에 없고 경우에 따라서는 맹목적일 수있다.

오오 나의 연인이여 그대는 어디서 방황하는가?
오오 머물러 들어 보라! 그대의 진정한 사랑이 오는 것을.
그것은 높거나 낮게 노래 부를 수 있다.

더 떠나지 마오 귀여운 연인이여,
연인들의 만남에서 여로가 끝남을
모든 현자의 아들은 알고 있다.
사랑이란 무엇인가? 그것은 내세에 있는 것이 아니다.
지금 이 즐거움만이 지금의 웃음을 갖고
무엇이 올 것인지는 아직 불확실한 것.
머뭇거림 속에는 아무런 풍요로움도 없는 것.
그러니 와서 달콤하게 입맞추어다오,
여러번!
청춘은 계속되는 것이 아니니.

　엘리자베스 시대에 영국 사회를 휩쓸던 천연두 때문에 사람들이 공포에 떨고 있을 때 동시대 문인들은 천연두에 관한 주제를 지루하게 써 내었으나 셰익스피어만은 그의 시편들 가운데 가장 짧아 보이는 위와 같은 시를 썼고, 이 시편은 그의 희곡 「햄릿」이 비록 인류로부터 잊힐지라도 아마 영원히 잊히지 않을 작품이라고 찰즈 모우건은 장담을 하고 있다. 지금의 우리에게 있어 '천연두'는 두렵지 않은 병이고 따라서 그것에 관한 글 역시 지금은 별 뜻이 없다. 그러나 인류의 영원한 존재 근거인 사랑을 다룬 이 시는 잊힐 리가 없다는 것이다. '당신은 젊다. 인생은 짧다. 이제 나에게 입맞추어 달라'는 내용에는 실상 근원적인 철학도 독특한 체험도 깊은 도덕적 가르침도 없다. 이처럼 사랑이라는 주제는 초시간적이고 초공간적이며 그것을 노래하는 시인이 살던 당시대의 가장 절실하고 주류에 속하는 사람들의 공동 관심사 전면에 서 있지도 않다. 시간으로부터의 도피(escape from time)라는 개념은 바로 사랑의 이런 속성 때문에 이 주제에 걸맞는다. 그것은 어쩌면 영원한 결핍증일지도 모르고 영원한 목마름일지도 모를 그러나 역시 영원한 인류의 존재 근거로서 살고 있는 실체이다. 영원한 것을 향한 갈구는 모든 시인들이 풀고자 하는 화두(話頭)의 하나일 것이다.

박희진(朴喜璡)의 아홉째 시집인 이 「라일락 속의 戀人들」은 사람과 사람이 주고 받는 사랑의 문제를 다룬 시편들(모두 74편)을 집중적으로 모아 놓은 작품집이다.

1960년에 내놓은 첫 시집 「실내악」에서부터 1982년에 내놓은 「가슴속의 시냇물」, 그리고 아직 단행본 시집에 수록하지 않은 시편들 가운데서 사랑을 주제로 한 시편들만 골라 수록한 작품들로 이 시인이 25년간 꿈꾸고 그리워하며 혹은 절망하고 탄식한 사랑의, 아니 절실한 삶의 내용을 보인 이 시집은 말하자면 청춘기에 그의 가슴속에서 불타던 불꽃과 그것들이 사위며 내는 애잔한 소리들을 거치면서 검은 잿더미까지를 보이며 듣게 하는 한 존재의 비밀스런 고해성사에 다름 아니다. 사랑은 우선 다음과 같은 단계를 거치면서 꽃 피거나 사위거나 절망을 부른다. 첫째는 퍼스나의 대상에 관한 티없는 관찰이다.

그녀의 눈은
마르지 않는 샘
아무리 퍼내도
늘 하나의
별이 들어 있다

그녀의 귀는
가장 정밀한
사랑의 수신기
침묵 속에 깃든
언어를 듣는다

그녀는 입보다도
손으로 말한다
나의 까닭 모를
이마의 땀방울도
어느덧 사라지게

그녀의 머리칼은
밤의 부드러움
대낮에도
만지면 손바닥에

꿈이 묻는다
                    -「그녀의 눈은」 전편

　여인의 눈빛 하나 출렁이는 머리칼, 한숨 쉬는 옆모습 등 이성의 눈에 비친 이성의 아름다움은 시인의 눈앞에 와서 영원한 실체로 포착되어 살아남는다. 그처럼 아름다운 여인을 향한 둘째 단계는 그리움이고, 이 그리움은 곧바로 기도하는 마음가짐으로 자리하게 된다. 그리하여 그는 다음과 같이 읊을 수 있다.

이제사 풀리는 하늘의 아지랑이,
골짜기마다 트이는 목청,
내 혈관을 꿰뚫고 흐르는
새 소리, 물 소리에
귀는 열리게 나팔꽃인 양,
그리고 죽음의 못물이던
이 눈엔 생기를, 가슴엔 사랑을
불붙게 하옵소서.
                    -「새봄의 기도」 끝부분

　② 대상을 그리워하고 사랑하는 마음이란 그 사물과의 화해, 결합, 완전한 일치를 통한 자기 동일화를 꿈꾼다는 뜻이다. 시인의 이런 꿈은 그의 「戀歌」에서 명증한 확인을 하기에 이른다.

위에 인용했던 셰익스피어의 연애시에서처럼 서로 떨어져 있는 상태의 주체와 대상을 묶어 화해하고 결합하며 구체적인 사랑을 나누어야 한다는 조급한 마음을 펼쳐 보이면서 서로가 떨어져 있는 안타까움을 이 시인은 절묘하게 노래하고 있다. 그러나 그의 이 「戀歌」는 여전히 자아 홀로 보내고 있는 대상을 향한 짝사랑 노래에 멈추고 있음을 볼 수 있다. 손에 잡히지 않는 대상을 향한 사랑의 노래는 그래서 더욱 절실하고 애틋하지만 이 사랑의 불꽃은 필연적으로 조만간 제가락에 꺼질 수밖에 없게 되어 있다. 시인 박희진(朴喜璡)의 사랑 시편들이 보들레르의 시 세계와 다를 수밖에 없는 점이 바로, 국적의 차이에 따른 특성 말고도, 이처럼 자아와 대상간에 놓인 거리의 차이 때문인 것으로 풀이될 수 있을 것이다.

나는 네 안에 빠지고 싶다
하늘이 못물 속에 잠기어 있듯이.

눈은 눈 속으로, 살은 살 속으로
더불어 흐르면 목숨은 타는 불.

홀로 있을 때도 너는 나의
가장 깊은 안에 숨쉬고 있고나.   *

뼛속의 어둠에서 피어난 꽃이여,

나와 하나이면서 떨어져 있는 섬.

-「戀歌」 전편

이처럼 대상과 내가 완전히 하나이면서 동시에 '떨어져 있는 섬'일 수밖에 없는 운명은 어쩌면 사랑의 형이상학적 결론일 수 있을지 모른다. 대상을 파악하는 자아자체의 불가사의한 존재 양식이 대상과 대응하면서 일으킬 수밖에 없는 고립성은 말하자면 존재하는 모든 생명의 필연적인 운명일 터이기 때문이다. 꽃이나 소녀, 열매, 시간(봄, 여름, 가을, 겨울이라는 고리로 이어지는 계절 등)은 모두 1회분씩만의 존재태로 나타났다가 사라지는 그런 것들이기 때문에 그리움이나 꿈, 사랑, 공포, 기쁨 따위의 관념 역시 하나의 존재 초점으로 나타났다가 사라지는 변환을 보이게 되어 있다. 「無題」에서 보이는 「차라리 영영 멸하여 버렸으면 좋겠어요/ 진정 곱고 아쉬운 그리움에/ 스스로의 목숨이 타는 줄도 모르고/ 밤을 지키다 사라져 버리는 촛불과 같이」와 같은 귀절은 '그리움'이 현실적으로 실현될 수 없는 상태에서 마주칠 필연적인 귀결이다. 이런 자아의 마음 상태가 그려진 시편들은 「슬픈 戀歌」, 「메아리 哀歌」에서처럼 끝없는 '갈증'과 '무안'으로 이어져 급기야는 장시 「빛과 어둠의 사이」와 같은 사랑의 아픔과 절망을 맞이하게 된다. 「빛과 어둠의 사이」라는 제목의 장시는 그것 자체로서 하나의 커다란 틀을 갖추고 삶의 문제를 다룬 절편이다. 이 장시 가운데 매긴 번호 9에 오면 다음과 같은 사랑의 결과를 읊고 있다.

눈먼 피라도
渴愛의 살이라도
피는 피끼리 더불어 흐르기를
살은 살끼리 더불어 닿기를 원하는 마음
칠흑의 그리움이 이몸을 태우면
골수에 절은
오뇌는 더욱 병들게 마련

눈먼 피는 피가 아니기에
갈애의 살은 살이 아니기에
아무리 서로 껴안고 비벼대도
…………〈중략4행〉…………
뼈가 마디마디 우는 소리
채워질 길이 없는 아쉬움만이
무한 탐욕의 아가리를 벌릴 따름
타는 갈애의 모래알 혓바닥엔
쩍쩍 갈라지는 모래의 갈증만이
끓는 탐욕의 뒤얽힌 내장에는
허옇게 말라붙은 소금의 갈증만이

더욱더 심해질 뿐

…………

   가까워지려고 하면 할수록 심화되는 관계의 벼랑이 사랑을 매개로 하면 메워질 것처럼 우리는 착각하곤 한다. 그것이 또한 아름다움이 아닐까? 착각과 헛된 망상이 없이 참된 뜻의 절망은 맛볼 수 없는 일일 것이고 이런 절망을 겪어 보지 않고 자기 존재의 비밀이 무엇인지를 알 것처럼 생각한다면 그거야말로 진짜 착각일 터이다.
   그러므로 시인이 읊은 사랑의 노래는 아름답고 귀한 것이다. 그리워하고 꿈꾸며, 서러워하고 부끄러워하며 절망하는 삶의 진실을 솔직하게 내보이는 시인에게서 우리는 똑같은 감정으로 우리들 삶의 무게를 잴 수 있는 법을 배운다.

    나의 애인은 공기의 혀와
       안개의 살을 가지고 있습니다.
    ………………………
    나의 애인은 때로 한낱
       미미한 향기에 지나지 않습니다.

   이 시대가 안고 있는 뜨거운 사회 문제도 민족의 앞날에 관한 걱정도 이웃의 아픔과 배고픔에 대한 연민도 보이지 않기 때문에 이 시집은 피를 끓게 하는 격정은 없다. 그러나 사랑이라는 근원적인 주제를 가지고 우리를 꿈꾸게 하고 절망케 하는 이 시인의 바로 이 시편들은 그것 자체가 지닐 값이 있고 아름다움이 있음에 틀림없고 더욱이 위의 시 귀절의 '공기'처럼 '안개'처럼 '향기'처럼 존재하는 하나씩의 마음의 애인들을 품고 살 꿈을 얘기하는 시인의 허허로운 인생 태도는 각박해져 가고 턱없이 조급해져만 가는 이 시대에는 귀한 메시지를 주는 본보기처럼 보인다. 사회적 분노심이나 증오심의 근원도 따지고 보면 그 밑바탕엔 끝없는 사랑과 목마른 그리움을 깔고 있는 것일 터이니 말이다.

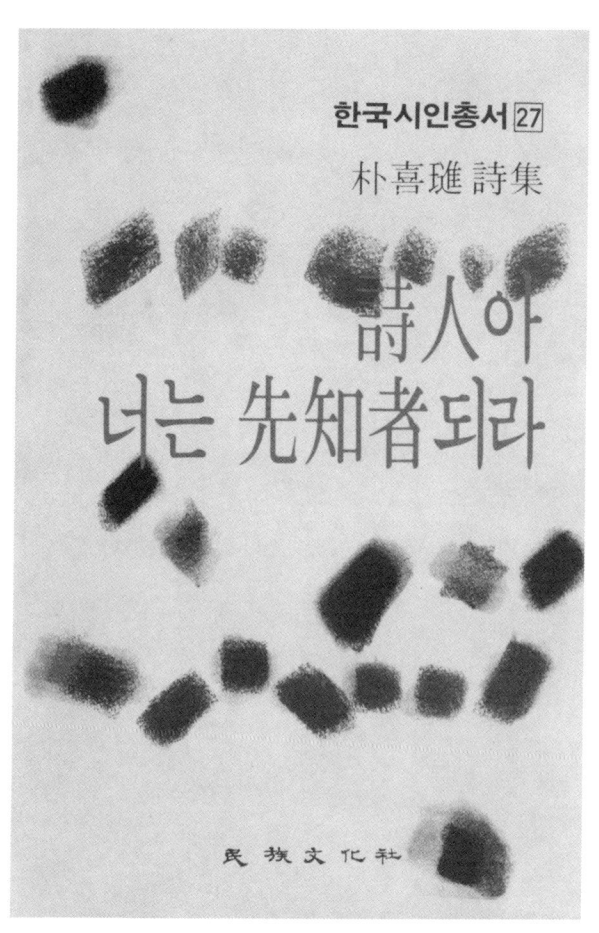

詩人아 너는 先知者 되라 · 1985

표지화 · 吳受桓

시집을 내면서

　이 시집에 수록된 시편은 1960년에서 금년에 이르기까지 25년 동안 집필한 것들인데, 대충 발표순으로 배열되어 있다. 권말에 실린 장시 「혼돈과 창조」(1965)를 제외하고는.

　대부분의 작품들이 그때그때 시사적 요청에 따라 써졌던 것들이나, 마지못해 억지로 쓴 시라고는 한 편도 없다. 내 딴엔 최대한의 주체적 열정과 비전을 갖고 전력을 투입한 성과인 것이다.

　3·1 독립 운동, 2차 세계대전, 8·15 광복, 6·25 동란, 4·19 혁명, 5·16 군사 쿠데타, 10·26 박대통령 시해 사건…… 회상컨대 우리는 너무도 끔찍하고 엄청난 사건들의 점철 속에서 용케도 살아 왔다. 이미 그 역사의 시련을 못 넘기고 유명을 달리 한 수많은 원혼들, 그들을 어떻게 위로해야 할 것인가? 살아남은 자로서 우리는 그들 앞에 떳떳할 수 있겠는가? 오늘의 시국은 구한말 풍운을 연상케 한다는데 과연 한국은 그 역사적 비운에서 벗어날 도리가 없는가?

　나는 근본적으로 한국의 장래를 낙관하는 사람이다. 단군이래 오늘날처럼 우리 겨레가 물심 양면에서 잘 살아 보겠다는 거족적 발동이 걸려 본 적은 없다. 오천 년 동안 잠재적으로 축적된 에너지, 겨레의 저력이 무서운 힘으로 분출하기 시작한 게 사실이다. 그런데 국토는 어이없게도 양분되어 있고, 저 동족상잔의 비극을 겪고도 보이지 않는 유혈은 여전히 계속되고 있다. 누가 이 분단의 책임을 질 것인가? 왜 하루아침에 금수강산이 세계의 하수구로 돌변해야 되었던가? 그 하수구가 잔뜩 막혔다가 터진 것이 6·25라 하겠는데, 그 피 흘린 보람도 없이, 오늘날 하수구는 더욱 공고히 지독하게 막혀 있다. 그렇다고 이러한 분단의 상황, 팽팽히 맞선 긴장 속에서도, 살아야 되겠다는, 그것도 떳떳이 잘 살아야 되겠다는 겨레의 노력이 중단될 수는 없다. 아니 그럴수록 더욱더 힘차게 내닫는 것이 우리 겨레다. 이런 때일수록 위정자들의 책임은 실로 막중한 것이라고 아니 할 수 없으리라. 상기해 보라, 어떻게 세운 우리 나라던가! 반쪽 국토, 남한 땅에서나마 정말 우리가 잘 살게 될 때, 비단 경제적 번영뿐 아니라, 정치적으로나 문화적으로도 북한에 비해 압도적 우위를 점하게 될 때, 통일을 가로막는 장벽은 햇볕 아래 서리처럼 녹으리라. 그렇게 되면 통일 조국은 얼마나 떳떳하고 자랑스러우랴. 가장 지독했던 세계의 상처는 홀연 영광으로 빛뿜게 될 것이다. 가장 더러웠던 세계의 하수구는 세계의 새로운 창조적 수원(水源)으로 탈바꿈하여, 언제까지나 용솟음칠 것이다. 그 전화위복의 신생이 어느 날 기어이 성취될 것을 믿기에, 나는 근본적으로 한국의 장래를 낙관한다는 말을 한 것이다.

우리는 지금 그 전화위복을 위한 긴 과도기, 안타깝고도 지루한 과도기에 처하여 있다. 그렇다고 과격한 급진주의에 휘말려선 곤란하다. 온 겨레의 예지를 모아 슬기롭고 끈기 있게 난국을 타개해 나가야 할 것이다. 무엇보다도 자유가 보장되고 지성이 신장되도록 언로(言路)는 항시 열려야 할 것이다. 그리하여, 속임수, 일체의 협잡이 배제돼야 한다. 순리를 따라, 한 발짝 한 발짝 성실하게 정도를 가야 한다. 이상은 위정자에게만 해당이 되는 말은 아니겠다. 국민 모두에게 해당이 되는 말이라 생각한다.

정국이 어지럽고 사회가 불안할 때, 괴롭지 않고 답답하지 아니한 사람이 있으랴만, 그 중에서도 제일 민감한 반응을 보일 수밖에 없는 자가 시인인 것이다. 왜냐면 시인이란 겨레의 살려는 의지 중에서도 가장 순수하고 유연하고 열렬하고 민감한 핵심을 차지한 자라 할 수 있기 때문이다. 달리 말하자면, 한 겨레의 얼을 수호하는 사람이 바로 시인인 까닭이다. 언젠가 내한했던 「25시」의 작가 게오르규도 〈시인은 사회의 산소 바로미터다. 시인이 괴로워하는 사회는 병들어 있다고 보아야 한다〉 대충 이런 뜻의 말을 한 바 있다. 그러기에 사회가 병들어 있을 때, 시인이 평소보다 드높은 가락으로, 대사회적인 저항과 고발과 비판을 담은, 또는 우려와 경고를 표명하는 시를 쓴다는 건 너무도 당연한 일이다.

  그러나 오로지 고발과 비판만이 시인의 능사일 수는 없다. 경우에 따라서는 민족혼의 고무자로, 시달린 동포에게 용기와 희망과 자신을 안겨 주기도 하는 것이 참된 시인 정신일 것이다. 시인에게는 불확실한 현실을 투시하는, 그리하여 먼 미래를 내다보는 거시적 안목과 지혜와 상상력이 주어져 있으므로, 그런 예언자적 기능도 때로는 발휘해야 마땅하고, 또한 바람직한 일이라 할 것이다.

  정치 시인이라고 해서 언제나 첨예한 정치적 관심에만 시종할 게 아니듯이, 순수 시인이라고 해서 언제나 순수시만 쓰라는 법은 없다. 생각건대 시인 정신이란 물 같은 것이다. 또는 수은주와 같은 것이라 할 수도 있겠다. 자유로워지기 위해 시인은 시를 쓴다. 자기의 왕성한 생명력의 발동대로 정직하고 치열하게 정신의 자유를 추구하면 그만이다. 정치적 관심이 우선일 때는 정치시를 쓰면 되고, 연애 감정에 골몰해 있을 적엔 연애시를 쓰면 되고, 종교 문제가 그중 절박한 중대사일 적에는 종교시를 쓰면 된다. 무엇을 어떻게 쓰든지 그것은 철두철미 그 시인의 자유가 아니랴. 시인은 얼마든지 그것이 진실의 발로인 한 자기를 다양하게 표현할 수 있다는 이야기인 것이다. 때문에 한 시인에 대한 결정적 평가는 그 시인의 평생에 걸친 시작업 전체를 문제 삼지 않으면 안 되리라.

나는 지금까지 아홉 권의 시집을 내었지만, 이 시집은 특별히 나의 대시대적 또는 대사회적 관심과 대결이 드러난 시들로 엮어진 점이 강한 특색을 이룬다 할 것이다. 한 시인이 그동안 어떻게 어지러웠던 시대의 위기를 일관성 있게 견뎌 내었는지, 만약 나의 독자 제현께서 그 일관성(성실성)을 인정하여 거기서 곧바로 동시대성을 공감해 주신다면 나로선 물론 더없는 영광이자 삶의 보람이 아닐 수 없다.

1985년 가을에 水然 朴喜瑾

차 례

시집을 내면서

썩은 탐관오리들에게 / 495

송년감상초(送年感傷抄) / 497

무명전사(無名戰士)를 기리는 노래 / 501

목소리 / 502

썩은 악덕 출판인에게 / 507

스무 살 조국이 힘차게 웃는다 / 509

고려대학교 영원히 빛나리라 / 512

보성 찬가(普成 讚歌) / 515

서울의 하늘아래 / 518

잡초의 노래 / 520

수요(數謠) / 526

만원쯤 슬쩍할 땐 / 527

망년가(望年歌) / 530

왕년의 총독부를 헐어내자 / 533

어느 실업자의 수요 / 535

달은 잠에서 깰 것이다 / 536

4·19야 4·19야 / 538

축하합니다 / 540

1970년을 보내면서 / 542

모교를 기리는 노래 / 544

동성 건아들에게 / 546

성모 성월을 기리는 노래 / 548

겨울의 젊은이들 / 550

고대 찬가(高大 讚歌) / 552

세모 유감(歲暮 有感) / 554

어버이날에 / 559

8·15야 8·15야 / 561

새 빛을 낼지어다 / 566

새해의 편지 / 569

현충일(顯忠日)에 / 572

아아 6·25 / 575

1980년 정월 초하루 영시에 임하여서 / 585

시인아 너는 선지자 되라 / 589

한국의 등불 / 591

실로 장하도다 장하고 장하도다 / 593

햇살과 촛불 / 595

새해엔 나도 조깅을 할까나 / 598

예수 그리스도 / 600

남북의 겨레는 둘이 아니다 / 606

1983년의 추석 / 612

가는 해와 새해 사이 / 614

새해엔 나도 / 618

봄 여름 가을 겨울 / 619

독도에 대하여 / 620

민충정공 영환(閔忠正公 泳煥)의 순국 / 625

그것은 차라리 찬란한 시대였다 / 635

내 고향 연천 / 636

지금은 겨울, 깊이 안으로 침잠할 때 / 638

＊ : 다음 쪽에서 연이 바뀜을 나타내는 표시

詩人아 너는 先知者 되라

썩은 탐관오리들에게
-4.19 학생혁명을 겪고

어떻게 세운 우리의 나라라고!
오, 상기하라 아직도 한 방울 피와 눈물이
있다면 상기하라, 다 죽은 줄 알았던 목숨이
살아서 울부짖던 저 8·15 해방의 감격을.
묵은 남루의 역사를 벗고 불사조처럼
민주공화국의 날개를 떨치려고
우리 얼마나 싸워야 했던가!
또 저 6·25 — 검은 살육이 이 땅에 빗발치던
동족상잔의 참혹을 겪었으니,
진정 우리의 잘린 허리와 찢어진 사지가
아직도 미처 아물기 전인
그 틈을 타서, 오, 너희들 꼴불견인
감투를 쓰고 나로다 재던 무리, 암 누구라고,
조선을 잡은 썩은 탐관오리의 후예거늘.
반공만 내세우면 정치는 너희들
주머니칼이나 되는 줄 알았더냐.
이제야 알았으리 민심은 천심인 걸,
그리고 어린이는 바로 어른의 아버지라는 것을.
실로 무서운 건 총탄이 아니라

불의에 항거하는 민중의 육탄!
쌓이고 쌓인 울분과 갈구가 십년 묵은
체증이 뚫리듯이 이렇게 터진 거다.
이제 우리 앞엔 확 트인 자유의
대로가 열렸구나. 피로써 찾은 우리의 주권!
그것을 다시 더럽혀서 되겠는가.
어떻게 세운 우리의 나라라고!
오, 뉘우쳐라 아직도 한 방울 피와 눈물이
있다면 뉘우쳐라, 아니 차라리
혼비백산하라! 너희들 썩은 탐관오리들은.
다시는 이 땅에 얼씬도 말 일이다.

-「東亞日報」1960. 5. 7

송년감상초(送年感傷抄)
-1961년에 부치는 글

손발을 씻고
책상 앞에 단좌하다
염주를 더듬으며
하룻밤 동안에
이 시 아닌 감상(感傷)을 적으려고.

염주 한 알에
4·19가 떠오른다
혁명의 도화선,
막 인양된 뱃머리에 늘어진 김주열(金朱烈)이 아니라,
바다에 표류하던, 눈알에 박힌 최루탄조차
그 임자의 이름을 모르던,
그저 조국의 품을 못 잊어
뜰 수도 잠길 수도 없었던 때의
무명의 소년이.

염주 두 알에도
그저 4·19 —

너를 기념하는 순백의 탑이나마

부정축재자의 돈으로 세워지지 않기가 다행이지.

피로써 찾은 조국에 벌집처럼

구멍을 뚫어놓고, 자유의 이름 아래

또다시 도적질을 일삼던 무리,

악질 정상배의 난무로 하여

조국은 가라앉는 배와도 같았다.

빈털터리로

돌아온 4 · 19 —

그러나 맨 밑바닥에는

끊이지 않는 역사의 핏줄이 숨쉬고 있었다.

염주 세 알에

5 · 16이 떠오른다.

이것은 조직이다. 구악을 일소하고,

새로이 이 땅에 기적의 꿈을 엮는,

이것은 어쩌면 마지막 기회다.

이미 배수의 진을 쳤거니.   *

염주 네 알에

세상이 달라졌다.

그러나 나는 여전히 나다.

나는 아직 사회에 입명(立命)할 수는 없다.

할 수 없이 되면

그저 떠는 게 고작인 나,

바람도 없는데 사시나무 떨리듯 전신전령(全身全靈)으로.

나는 안다 최선의 사람들은

이미 재빨리 흙으로 갔거니.

살아서 남은 자의 말은 얼마나 부질없는 것인가를.

말이여, 말! 그 말을 좀 희롱하는 재주가 있다 해서

나더러 이런 말을 쓰라는가. 나이 삼십이

넘도록까지, 허나 나는 이 말로 살아왔다.

적어도 내가 인간 최하의 말짜는 아니라는

증명을 하기 위해. 용서하라.

손발을 씻고

책상 앞에 단좌하다

새삼 눈물을 흘리고 싶은데
내 눈엔 최루탄이 안 박혀서인지
더는 아무런 감상(感傷)이 안 솟는다.

-「高大新聞」1961. 12. 23

무명전사(無名戰士)를 기리는 노래

타고난 별의 가열로 말미암아
영웅은 죽어서 이름을 남기지만
무명전사를 기리고 싶은 마음
오, 천지신명의 마음, 이름도 없이
피었다 지는 꽃, 아직 아무도
이르러 보지 못한 산골에 엉긴 구름,
무슨 전쟁으로, 무슨 무기로
그것들을 없애랴, 산더미 같은
탱크에 짓밟힌들 잡초가 죽겠는가
무명전사를 기리고 싶은 마음
오, 천지신명의 마음, 이름도 없이
싸워서 죽는다고 아주 없어지는 건
아니다, 꽃으로, 구름으로
가장 선하디선한 사람의 핏줄로
되살아 무명을 이어가리, 하필
싸움터뿐만이랴, 인생 도처에
이름도 없이 싸우다 죽는 사람들을
기린다, 형제들아, 형제들아

-「미사일」제10호 1962

목소리
―咸錫憲 翁에게

희망도 없이 사는 무리
가난 구제는 나라도 못하는가
허리를 잘린
누더기 강산에 누더기처럼 널려
바람 부는 대로
물결 치는 대로
이리저리 나부끼는
몰골이 싫어
궁상이 싫어
어떤 이들은 멀리 브라질로
활개쳐 떠났으나
이 온갖 협잡이 들끓는
세계의 하수구
이 쓸개 빠진 나라 안에서
오도 가도 못하는
뭇 백성의 눈과 귀가 되고
입을 열어 줘야 할
지식인들마저

한갓 맥빠진 또는 위선의

넋두리만을 뇌고 있을 때

여기 한 사람

지열보다 가열하고

불길보다 순수한

육성을 터뜨리는 시대의 선지자

함석헌 선생

백성의 입에 대어진 마이크

역사의 양심을

누가 감히 막는단 말인가

당신의 입에

설사 재갈이 물려진다 할지라도

이제 우리는

역력히 들을 수가 있는 것입니다

당신의 목소리

아니 그것은 바로 우리의 목소리이기에

한강변의 기적을 누가 바라지 않으리오

쌓이고 쌓인 구악을 일소하고

이 땅에 새로운 살길을 열겠다는
누가 그 뜻을 받들지 않으리오
그러나 지나치게 너무도 많은 것을 율하려 하였다
너무도 성급하게 군대식으로
어떻게 인간이
하루 아침에 개조가 되나
민주 사회란
늘 열려 있어야 한다
백성의 가슴이
멍들기 전에
말이나 하게 하라
아 자유롭게 말이나 듣게 하라
백주 대로에 터뜨리게 하라

하긴 이젠 못살겠다고
목숨을 갈아 봐야
또 그게 그것일지도 모른다는 불안이
곧 우리의 무표정 같은 표정으로 되어버린 어제와 오늘
그 번쩍번쩍한 잘난 사람들의

그 허다한 「성명」과 「공약」엔 지쳐 버렸구나

이제 와서 생각하면
더욱 아득하고 기막히기만 한
저 4 · 19
이 메마르고 고달픈 백성
어디에 그런 기운이 있었을까
천만의 말씀이지
유구 오천 년의 체증을 꿰뚫은
4 · 19 번개
민족의 저력
허나 이내 화석의 미래에 감금된
우리의 육성이여
민주주의 사수하사
그 소리 다시 되찾기 전엔
우린 너덜너덜한 꼭두각시일 뿐

그러나 오늘 팔월 십육일
당신의 목소리를 지상으로나마

더듬어 나갔을 때
나는 눈물을 참을 수가 없었어요
나는 이 땅의 시인도 못 되고
그저 남 달리 말에 사로잡힌
한낱 시치(詩痴)에 불과한 사람이나
나는 이렇게 외쳤던 것입니다
아 여기 진인(眞人)의
아니 백성의 소리가 있구나
우리의 목소리는 죽지 않았구나

-1963. 8. 17

썩은 악덕 출판인에게

이 죽일 놈, 네가 그래도 이름을 가졌다고
책마다 발행인은 나로다 박는구나.
천하 제일 가는 문화사업을 합네 하여
일류 명사들과 거드럭거리는 재미에 말이지.

딴은 가관이야. 네 놈의 구린 돈놀음에
뱅그르르 춤을 추는 속소위 권위들의
사탕발림 추천사 몇 마디면 오역, 중역, 졸역도
명역이 되고 판을 거듭하는 이변이 생기니.

어디 그뿐이랴, 문인의 가난을 최대한으로
이용해 먹으려는 악질 모리배, 「한 장 십 원의
고료가 싸다면 그만 두면 되잖아요, 당신 말고도
할 사람은 얼마든지 깔려 있으니까」

어디 그뿐이랴, 남의 이름을 멋대로 도용하여
천하를 속이려는 끔찍한 사기꾼, 네 철면피에
구멍이 뚫리게 침을 뱉아 주마. 끓는 의분의
가래를 뱉아 주마, 눈이 씻기게, 귓구멍이 뚫리게.　　*

에이, 더러운 놈, 너 말이 무서운 줄 명심하라.
사람은 말로 더불어 사느니, 말은 정신이다.
말이 글이 되고 글이 화해서 문인이 된 줄을
네가 알았다면 백 번 태어나도 그런 짓은 못하는 것.

네 놈이 앞으로도 그런 만행을 저버리지 않는다면
각오하라, 이 놈, 똥물에 튀각을 해 버릴 테니.
이 육실할 놈, 발가락을 떼어 이마에나 붙일 놈아.
네 놈이 흘린 진땀의 백 사발, 그 속에 코를 박고 뒈져야 마땅할 놈.

-1964. 7. 27

스무 살 조국이 힘차게 웃는다

主權을 차지한 그대들이여
永遠히 永遠히 소리칠 太陽
— 송욱

스무 살 조국의

이 늠름한 모습을 보라

저렇게 많은 빛뿜는 웃음들을

나는 일찍이 상상도 못했거니

젊은 신(神)들처럼

대지를 밟고 서서

홍소를 터뜨리는

반라(半裸)의 화랑들

천으로 헤아리랴

만으로 헤아리랴

저마다 동트는 가슴이기에

만개한 꽃입술과

흰 이빨과 흑요석의 눈에서도

철철 넘쳐나는

광명의 기쁨

딱 벌어진 어깨가 아니다

생명의 원형이지

알통이 아니다

황금의 빛뭉치지

익어서 터질 듯한

저 살의 어느 구석

조상의 수난과 오욕의 피가

깃들어 있겠는가

징역의 멍에를

벗어난 대지의

오랜 소망이

피땀을 뭉쳐서

피워 논 꽃송이들

누구보다도 고뇌를 알았기에

누구보다도 황홀을 추구했던

미켈란젤로라면

저들 아름다운

청춘의 군상을

불멸의 조각으로

아로새겨 놓을 것을

멍든 가슴과

이지러진 얼굴의

병든 시인이야

부끄러울 따름이다

아 너희들 대지의 영광이여

영원히 영원히 소리칠 태양이여

너희들이 가슴으로

가장 순수한 혈통의 가슴으로

밀고 가는 앞엔

빛길이 열리리라

역사의 상처

통일의 장벽도

서리처럼 녹으리라

-「世代」 4월호 1965

고려대학교 영원히 빛나리라
−창립 60주년에 부쳐

불모의 땅에나마
한 알의 보리가 묻히지 않았던들
어둠의 시기에
여명의 선각자, 李容翊 선생이
교육 구국의 대본을 세우지 아니했던들
고려대학교는 태어나지 못했으리.
육십 년 전 바로 이 날, 5월 5일은
이제 영원히 젊을 수밖엔 없다
육백 년 후가 돼도.

연인들은 죽어도 사랑은 불멸이듯
나라가 망해「普成專門」이「普成法律商業」
다시「普成專門」이 되었다가
일제말 포악기엔 어처구니없게도
「京城拓植經濟專門」으로,
마침내 해방의 광명이 비치니
그 이름 되찾은「普成專門」이
「高麗大學校」로 솟도록까지

교육 구국의 뜻만은 살았거니.

뜻이 선 곳에서만 역사가 이어진다.
아득한 날에 孫秉熙 선생,
그리고 우리의 金性洙 선생마저
이젠 無名으로 가신 이들과 함께
우리 안의 핏줄로 되돌아가셨지만
그렇다 이 역사, 무명의 핏줄은
더욱더 커질 따름, 「눌린 자를
쳐들기에 굽은 것 펴기에
쓰리로다 부리리라 이 힘과 이 생명」

그러기에 그것은 천하가 아는 일,
나라를 좀먹었던 불의와 부패가
4·19 학생 혁명을 불러
이 땅을 정화했던 그 전날 4·18
맨 먼저 맨주먹 분노의 피로
압제의 사슬을 끊었던 자가 누구던가를.
천지를 뒤흔든 정의의 함성을

청사에 아로새긴 겨레의 호랑이가 누구던가를.
그러기에 그것은 천상도 아는 일.

자랑스러워라, 안암의 언덕 오랜 풍상에도
굳건히 더욱 날로 번영하는 배움의 전당,
하늘을 찌르는 石塔의 높이,
그처럼 고매한 슬기를 지녔기에
참되게 배운 보람 때로는 포효하는
호랑이의 기상으로 이 땅을 주름잡고
세계에 외침이여. 아 진리와 자유의 牙城,
코리아엔 「코리아 유니버시티」가 있다는 것을.
고려대학교 영원히 빛나리라.

-「高大新聞」 1965. 5. 5

보성 찬가(普成 讚歌)
-창립 60주년에 부쳐

보성 육십주년!
실감이 안 난다
한 육만주년이라면 몰라도

상록수에겐 계절이 상관 없듯
그렇다 보성에 나이가 문제랴
육십의 연륜은
자라는 보성의 이마에 걸린
한때의 월계관!
그 월계관은 시들어
땅 위에 거름이 될지언정
구원의 청춘
보성은 항상 젊을 수밖에 없다

나라가 기울다가
온전히 망해 버린 삼십육 년의 암흑을 뚫고
다시 빛뿜는 새 나라 만들기로
육십 성상에 보성이 낳은
일만의 일꾼들

불굴의 기둥들
흐르는 피에 숨은 옛날을
다시 영광에 살렸구나

그리고 지금은
더욱 씩씩하고 바르게 자란
태양의 아들들이
구름에 솟은 삼각의 뫼보다도
더 푸른 입김을 뿜고 있음이여
하늘로 오는 한강의 물보다도
더 깊은 뜻을 기르고 있음이여

아 기쁘다
그렇게 지금은 동문을 거친 일만의 입과
장차 거칠 수천의 입이
천상 천하에서
쩡쩡 소리칠 때
보성은 영원히 꿈꾸는 정신
보성은 영원히 높고 깊은 슬기

보성은 영원히 삶의 보람
보성은 영원히 우리의 모교이니

아 기쁘다
이제야 사무치게 실감이 나는구나
너무 장해서 눈물이 나는구나
보성 만세
보성 만세

－「普成」개교 60주년 기념호 1966

서울의 하늘아래

서울의 하늘아래
썩지않은 사람없다
그런말은 하지마소
꽃피는 4월이니

미아리 출퇴근때
버스한번 못타보고
지옥에 갔다가는
되돌려 보낸대요

그런말은 하지마소
새우는 4월이니
만원짜리 적자인생
살맛이 없습니다

그런말은 하지마소
따듯한 4월이니
4·19 생각도
안나는건 아니지만 　　　　*

엄숙한 취미는
비웃음을 사는세상
멋대로 살아볼까
그런말은 하지마소

세상이 다썩어도
썩지않은 사람있다
그것은 아무개다
그런말이나 하소

그런사람 있거든
4월이니 4월이니
그런말 듣고싶소
소생의 4월이니

빛뿜는 4월이니
아따 이사람
4월 꽤 좋아하네
그런말은 하지마소

-「東亞日報」1966. 3. 31

잡초의 노래

1

우리는 잡초라오
한반도 반만년을
초록빛 일색으로
수놓은 질긴목숨
지금도 살아있소
죽을날 앞으로도
영원히 없으리다
얼씨구 좋을씨구

2

잡초라 우리에겐
이름이 없지마는
이름난 기화요초
뽑혀가 병에꽂혀
한숨만 내쉬다가
시들게 마련이오
우리야 한평생을
들에서 좋을씨구

3

우리는 서로닮아

너와나 차별없네

뻐기어 분수없이

잘난체 할필요도

못난체 수그리고

쥐구멍 찾을일도

없으니 자유평등

지화자 좋을씨구

4

잡초는 잡초끼리

떼지어 익지하여

비오나 바람부나

멋대로 살아가는

그것이 우리신세

어떤적 어떤힘도

치열한 우리목숨

앗아갈 수는없소

5

역사도 우리에겐
주마등 같은거라
삼국은 신라통일
신라는 고려되고
고려는 조선되고
조선은 일본에게
심지어 먹혔어도
우리는 일관했네

6

8·15 해방되자
원수의 38선이
삼천리 금수강산
두동강 낼때에도
우리는 못끊었네
잡초야 동서남북
이어져 어디서나
되살아 판치는걸

7
그러나 6 · 25때
중공군 인해전술
우리를 물들이고
공산군 전차들은
우리를 찢었건만
상처는 아물어서
동란의 기억조차
이제는 희미해라

8
오로지 절실한건
뙤약볕 찌는아래
불붙듯 번져가는
우리의 목숨잔치
말없이 소리없이
우리는 살아왔네
그러나 강인하게
모든걸 견디면서

9

기록된 역사만이
역사는 아닌것을
아는이 있다면은
우리를 알아줄까
유명을 떠받치는
무명의 핏줄기를
안뵈는 억조창생
목숨의 뒤안길을

10

살아라 살자꾸나
우리는 안슬프다
잡초는 방방곡곡
없는데 없으니까
우리가 끼리끼리
손잡고 일어나면
조국의 통일이야
눈깜짝 할새이리

11
잡초라 우리에겐
이름이 없지마는
그래서 우리에겐
무서운 것이없다
죽어도 살아나고
살아서 더욱사는
잡초라 좋을씨구
더덩실 좋을씨구

-1967. 8. 19

수요(數謠)

일　일본놈이
이　이승만 호랑이가
삼　삼각산에서 으르렁거릴 때엔
사　사족을 못쓰더니
오　오일육 이후로는
육　육실하게 넘나들며
칠　칠벗겨진 가면을 쓰고
팔　팔도강산 옛집인 양
구　구정이 그립다니
십　십분 경계할 일

-1967. 8. 21

만원쯤 슬쩍할 때

1

만원쯤 슬쩍할땐

떨리지 않고

백만원쯤 꿀꺽할땐

걸린다 해서

양심적 인간일까

2

여보소 무슨말씀

양심팔아 먹은지는

옛날이요 한다해서

차라리 솔직하니

가상타 할것인가

3

승려도 옷벗으면

속인과 같다지만

술먹고 난행해도

괜찮은 것이라면

중옷이나 입지말지

4
속임수 온갖협잡
살기위한 방편이라
눈감아 줘야하나?
양심은 없는거라
외치는 사람들아

5
칼날이 부러지면
칼구실 못하듯이
무뎌진 양심은
양심이 아니라고
양심이 없다고야!

6
법대로 살아가세
양심법이 자연법

순리를 어기면
아지못게라 이마에
발가락이 붙게되리

                                                        -1967. 12. 28

망년가(望年歌)
－1967년을 보내면서

　　1
가는해 치사해라
더러운 위정자들
권세에 눈뒤집혀
간덩이 부었거니
도의는 땅바닥에
떨어져 안보이네

　　2
가는해 가게하라
치솟는 물가고에
서민만 녹는구나
부익부 빈익빈에
같은건 단지하나
돈독에 환장한 것

　　3
가는해 미련없다
치사한 치맛바람

낳은건 과외바람
둘둘둘 휘말려서
아이나 어른이나
일류병 입시지옥

4
가는해 고약해라
돈이면 만사 OK
정계나 교육계나
그래서 쓰겠는가
얼마면 박사학위
딴수가 있단말가

5
가는해 어서가라
묵은병 몰아내려
새해가 밝아오니
忘年會 하지말고
望年歌 불러보세

새해의 소망실어

6
새해엔 나타나라
참사람 의인들아
공자님 예수석가
시절이 그아무리
광란세 이었기로
이보다 더할쏘냐

7
새해엔 없이하자
일체의 부정부패
영혼을 도로찾아
우리도 의인되세
저마다 가슴속에
양심불 밝혀드세

-1967. 12. 31

왕년의 총독부를 헐어내자

서울의 하늘아래
제일 웅장한
건물은 아직도
왕년의 총독부라

일제때 복마전이
지금은 우리나라
중앙청 이라니요
기막힐 노릇이네

오백년 사직지킨
경복궁 턱앞에다
날日字 일본日字
건물이 그아닌가

총독부 볼때마다
살속의 가시같다
그앞에 광화문을
복구한들 덜할건가 　　*

해방후 이십여년
파란도 많았지만
총독부 헐어버릴
국력은 될터인데

총독부를 헐어내자
치욕의 돌덩어리
삼천만 가슴속의
굴욕을 씻어내자

— 1968. 1. 12

어느 실업자의 수요(數謠)

일 일자리 찾아
이 이리저리 다녔으나 헛수고여서
삼 삼청공원 벤치에 늘어졌네
사 사흘을 굶었으니
오 오장이 쓰릴밖에
육 육실할 놈의 세상 탓이겠나
칠 칠칠하지 못한 이몸의 탓이겠나
팔 팔자를 잘못 타고 났어
구 구질구질한 인생이 싫어졌다
십 십년쯤 잠이나 자봤으면

-1968. 1. 16

달은 잠에서 깰 것이다

1
안 보이는 곳도 꿰뚫고 추적하는
30억 인구의 60억 개 시선을 받으면서
그 엄숙한 우주인 첫발이 달을 딛는 순간,
달은 비로소 잠에서 깰 것이다.
처녀지에 역사가 비롯되게 만드는 힘,
그것이 생명이며 사랑이라는 것을
소스라치며 흐느껴 알 것이다.

2
달나라에서 누가 우주인을
우주복에서 떼어낼 수 있으리오?
인간은 기계와 하나가 되었다.
서로 믿고 의지하는 사랑의 힘에 의해.
오직 이 사랑만이
불가능을 가능하게 만드는 것이다.
생명이 순수하게 작열할 때에
잉태된 꿈은 끝내 성취된다.

3
무사히 돌아와서 우주인은 말하리라.
돌아오고 싶었다고,
눈물의 맛을 이제야 알겠다고,
기쁨의 눈물 한 방울 안에
온 우주가 깃들어 있다고,
결국 이 지구가 제일 아름답고
황홀한 별이라고!

-「한국일보」 1969. 7. 20

4 · 19야 4 · 19야

4 · 19야 4 · 19야
10년이 흘렀기에 강산이 변했는가
강산이 변했기에 10년이 흘렀는가

그날 발악하는 독재의 아성 앞에
비 오듯 퍼붓는 흉탄을 가슴으로
거뜬히 받아내던 기적의 젊은이들
눈부신 젊음들이 오늘은 시들었네

최루탄이 박히어도 슬기의 눈은
부패의 구석구석 현실을 투시했고
살점이 달아나고 목청이 찢기어도
정의를 부르짖는 고발의 핏줄기는
아아 천지를 물들였건만……

단군 이래 3 · 1 운동 때 말고는
가장 치열하고 순수했던 젊음의 폭발
혁명이란 이러한 것이라고
참 민주주의는 이제부터일 거라고

우리는 울었건만 너무 신명나서

울다가 웃었건만 부질없구나

눈물은 증발했고 웃음은 사라졌다

4 · 19야 4 · 19야

오늘 10년 만에 불러보는 너의 이름

하지만 이렇듯 대답이 없음이여

-「한국일보」1970. 4. 19

축하합니다
-「高友會報」 창간에 부쳐

축하합니다
전국에 흩어진
기라성 같은
겨레의 정예
2만 5천의 교우들 시선이
한 자리 모여
눈부신 광장을 이루었으니
축하합니다
그 이름 「고우회보」
오랜 소망이 이룩한 개화

힘을 뭉칩시다
2만 5천의
아니 해마다 늘어갈 교우들
슬기가 이렇듯
한 자리 지켜가면
크나큰 등불 되리
세상의 구석구석 어둠을 비추는

축하합니다

그 이름 「고우회보」

길이 이어질 우리의 결실

　　　　　　　　－「高友會報」 창간호 1970

1970년을 보내면서

모든 게 흘러갔다
나의 열 개 손가락 사이로.
백두산 천지의 푸른 물이야
여전히 마르지 않았겠지만,
나는 탕진했다, 겨우 마흔 살에!
그동안 세 권의 시집을 내놓고.
영감이 마르니 어느덧 머리에 서리가 내렸구나.
미상불 오늘날은 비시(非詩)의 시대로세.
책만 보아도 머리가 아프다니!
하늘의 별처럼 시인은 많아도
시를 읽어보는 독자는 없다니!
동포들 눈을 끄는 것은
예컨대 저 경부(京釜)간의 고속도로,
〈암, 후련히 뚫렸으니 좋고말고〉
그러나 가슴에서 가슴으로 이어지는
양심의 길은 막혀도 괜찮은가?
국토의 한허리를 자르고 있는
휴전선 장벽보다 더 답답하게
안 통해도 상관 없나?

어지러웠던 1970년아,
오늘은 드디어 최후의 하루이니
두 눈을 감아야지.
한겨울 바닷 속을 아직도 표류하는
망령들의 아우성이 들리느냐?
소풍의 귀로에서 홀연 불더미로
화했던 살인 버스 생각도 나렷다.
그러나 이젠 그만 해 두자.
비록 시인의 가슴은 말랐지만
보이지 않는 하늘의 마음이야
무궁무진한 보고(寶庫)를 지니는 법.
그 보고의 문을 좀 여시어서
메마른 이 땅에 오늘은 하루 종일
흰 눈이나 내리게 하옵소서.
망각의 눈이나 내리게 하옵소서.

-「한국일보」1970. 12. 31

모교를 기리는 노래
-普成 창립 65주년에

어쩌다가 근처를 지나기만 하더라도
풍선처럼 가슴이 부풀어 온다.
담쟁이 넝쿨 덮인
빨간 벽돌담의
모교여, 모교여.

오늘도 너의 품엔
옛날의 우리들 같은
홍안 미소년들이
조용히 꿈을 키우고 있을 테지.
아냐, 지금은 학생수가 얼마라구.
그러자 삼천의 영재들 숨소리가
운동장에서 뛰노는 소리들이
천지를 찢는구나
우렁찬 군악처럼,
번뜩이는 창검처럼.

그러나 그들이 공부에 열중할 땐
모교여 너의 품은

가장 깊은 바다보다 깊어지리.
가장 넓은 초원보다 넓어지리.
그들의 눈은 비둘기 같고
슬기에 빛나는 그들의 이마는
천사의 휘황함을 지니게 되리.
마침내 천마(天馬)처럼
날개를 퍼덕이며
저 자유의 하늘을 비상하리.

모교여, 모교여, 늙을수록 젊어지는
위대한 모교여.
그 젊음의 비결을 우리들도
조금씩 본뜨련다.
너에게서 배울 것은
진정 아직도
무진장이로구나.

-「인경」 제18호 1971

동성 건아들에게
—창립 64주년에

스승을 만나면 스승을 만나면
운동장에서나 만원 버스 안에서도
너희들은 방긋 미소하는 꽃나무
순간 스승의 얼굴은 밝아지고
역시 미소하는 별빛으로 대답한다

벗끼리 만나면 벗끼리 만나면
말을 해도 좋고 안 해도 좋아
그저 싱글벙글 아니면 숙덕숙덕
시간은 없어지고 참깨가 쏟아진다
툭툭 까닭없이 건드리기도 하며

착하디착한 동성 건아들아
지금 너희들은 인생의 초심자들
아직 너희들은 물들기 전의
실이 지닌 순결을 지녔기에
스승은 조심조심 다루기도 힘들구나   *

숙제를 안 해와서 중1 아이들이
혼이 날 때의 순하디순한 모습
어쩌면 어쩌면 매맞는 천사 같다
스승의 마음인들 아프지 않으랴만
스스로 공부하는 버릇을 위해서지

스스로 생각하고 깨닫는 사람 되게
옳게 보고 풍성하게 느끼도록
동성 건아들아 좀더 꿈꾸어라
꿈은 많을수록 사랑도 많을수록
인생은 바다처럼 신나고 깊어진다

스승과 제자들이 더불어 사는 터전
꿈과 사랑과 슬기의 꽃과 열매
곱게 피었구나 주절이 열렸구나
풍우상설에도 시들 줄 모름이여
동성의 전당이여 불멸의 동산이여

-「東星」 제39호 1971

성모 성월을 기리는 노래

성모 마리아
오월은 바로 당신의 달입니다
당신 사랑이 불붙는 초록으로
하늘과 땅을 새롭게 물들이는
축복의 달입니다

검은 죽음의 허물을 벗고
다시 소생한 생명은 깨닫지요
사랑의 빛깔은 초록이라는 것을
저 태양도 초록으로 타는 과일
온몸에 스며드는 그 과일의
짙은 빛깔과 향기에 젖노라면
우리의 피는 꿈꾸는 바다처럼
설레기 시작하죠

왜 우리는 살고 싶은가를
왜 우리는 사랑하고 싶은가를
왜 저 바람에 살랑대는 나뭇잎의
새록새록 떨고 있는 초록을 보노라면
눈물이 솟는가를

성모 마리아
당신은 오월에 대답해 주십니다
그것이 그리움이라는 것을
초록의 풀밭 속에
작은 이름없는 들꽃의 미소로
하늘에 흐르는 라일락 향기로
아직 피지 않은 장미의 꽃망울로
또 그처럼
어여쁜 소녀의 흰 목덜미로
투명한 이슬로

가장 순결한 여인 중의 여인이신
동정 마리아
오월은 바로 당신의 달입니다
당신 사랑이 불붙는 초록으로
하늘과 땅을 새롭게 물들이는
환희의 달입니다

　　　　　　　　－「가톨릭時報」1972. 5. 28

겨울의 젊은이들

너희들에게 추위란 무엇이냐.
차라리 알몸으로, 옷 훌훌 벗고
충전(充電)의 알몸으로 추위를 견디는
겨울의 젊은이들, 이 땅의 아들들아.

추위는 너희들을 옥(玉)으로 만들 뿐.
더운 사랑의 김이 일고 있는
너희들 알몸은 아름답기도 하다.
그 알몸의 이름은 희망, 그리고 불멸!

보라 젊은이여, 겨울의 아들들아!
벌거숭이로 견디고 있는 것은
너희들만이 아니고 또 있음을,
자연(自然)도 겨울이면 헐벗는 것을.

겨울은 궁핍의 계절이 아니다.
동천(冬天)에 발가벗은 나무의 아름다움.
이미 가지마다 무수한 싹눈을
마련해 놓고 있는 슬기를 배울 때.   *

그러나 씩씩한 겨울의 아들들아,
너희들에겐 염려될 것이 없다.
봄은 이미 너희들 눈망울 안에도
싹트고 있거니, 불타고 있거니.

겨레의 현재이자 과거이며
미래인 너희들, 이 땅의 아들들아,
너희들 순수한 양심과 자유
정의와 평화의 정통(正統)의 피가

콸콸 끊임없이 용솟음치는 한
무엇이 아쉬우랴, 겨레는 훈훈하리.
비록 석유라곤 한 방울도 안 나는 나라,
메마른 땅일망정 새 빛이 비쳐오리.

-「高大新聞」1974. 1. 1

고대 찬가(高大 讚歌)

태양계 안에서도
가장 아름다운 별은 지구

지구 상에서도 가장 높푸른
하늘은 바로 한국의 하늘

그 하늘 아래 가장 으리으리한
백금의 햇살 받고

의젓이 솟은 것이
고려 대학교 학문의 전당

가장 어질고 의로운 겨레의
젊음이 불타는 곳

백수의 왕
호랑이의 야성을 지녔으되

저 수려한

화강암 석탑의 지성을 보라

누가 마음의 고향을 안 느끼랴

누가 희망으로 부풀지 아니하랴

— 「高大新聞」 1976. 11. 2

세모 유감(歲暮 有感)

살풀이 한바탕
안 하곤 못 배기는 신들린 무당처럼
세모는 언제나 어수선하다.

「서정쇄신」의 불호령에도
아랑곳없다는 듯
연달아 터지는 크나큰 의옥(疑獄) 사건,

하긴 무슨 일이든 일어날 순 있으니까
놀라지나 말아야지, 하다가도 그때마다
철렁……내려앉는 심장이 불쌍하다.

얼마나 얼마나 위대(胃大)한 사람이면
우리 선량한 농민의 피땀 어린
40억 원을 단숨에 들이킨담!

누가 이런 괴물을 활개치게 놔두었나?
누가 이런 추물에 철판을 깔아주고
철심장마저 달아 준 것일까? *

「미친 개에겐 몽둥이가 약이 되고
부조리는 뿌리를 뽑아야 한다」
이런 간절한 국민의 여망이 흐지부지 안 되도록.

「대어(大魚)는 제쳐놓고 송사리만 잡아
들이는 데에 문제가 있다」
이런 어느 분의 말씀도 기어이 무시가 안 되도록.

점잖은 시인이 왜 이런 시를 쓰느냐구요?
「나는 정치 시인은 아니니까 현실 돌아가는
꼴은 모르겠다」 그럴 수야 없지 않소.

그렇다면 그야말로 시인 정신에
어긋나는 일이겠지. 자 동포들,
지금은 바야흐로 조용히 눈감을 때.

우리는 그동안 너무도 바쁘게 살아온 것이오.
반성을 모르고, 회개를 모르고……
그러면 아마 이렇게 반박할 사람도 있겠지만,

「반성은 해서 뭘해? 언제 회개할
시간이 있어? 시행착오라는
안성맞춤의 좋은 말이 있는데?」

다소의 부정부패는 불가피의
것이란 뜻이겠지? 그러나 천만에!
바늘도둑이 소도둑 된다는 말은 옳다.

너무 간(肝)덩이가 붓기 전에
너무 지독한 근시(近視)가 되기 전에
너무「돈」「돈」하다 돌기 전에

제정신을 찾아야지, 눈 가리고 아웅하는
속임수는 치워야지, 성급한 졸악(拙惡)이나
대소를 막론하고 도둑질은 말아야지.

동포여 적어도 일 년에 한 번쯤은
우리 모두 눈 감고 묵상해 보자.
오래 잊었던 마음의 고요를 되찾아 보자.   *

백두산 천지에서 한라산 백록담에 이르기까지
더없이 수려한 강산을 떠올리자.
거기에 착하고 어질게만 살아왔던 배달의 겨레.

그 강산이 몇 번이고 외침(外侵)의 무리들로
초토화되었던 비운의 역사 —
지금도 국토는 둘로 잘려 있다.

그러나 우리에겐 절망을 희망으로,
상처를 영광으로 바꿀 줄 아는 슬기가 있었거니,
지금도 서서히 바꾸어 가고 있는 건 사실이다.

이제 또다시 한국에 새로운 문화의 등불이
켜시는 날엔 어찌 아시아의 빛에 그치리오
온 세계의 새 빛이 될 것이다.

동포여 적어도 일 년에 한 번 쯤은
우리 모두 눈감고 묵상에 잠겨 보자.
오래 잊었던 마음의 고요를 되찾아 보자.   *

이제 곧 묵은 해가 새해로 바뀌는 순간이 온다.

그러면 제야의 종소리 더불어

우리는 다시 새롭게 시작하여야 할 것이다.

-「東亞日報」1976. 12. 30

어버이 날에

어머님이 하늘문을 여시고
잠적하신 지도
삼 년의 세월이 흘렀습니다

어머님 떠나시면
못살 것 같더니만
이렇게 저는 숨쉬고 있습니다

오늘따라 어머님은
살아계신 아버님을 잘 모시라고
자꾸 신호를 보내시는군요

한 달에 겨우 한두 번쯤
찾아뵙는 일조차 게을리 하는
아둔한 아들 옆구리에다……

일전엔 아버님이
불쑥 저의 거처로 오셨었죠
지팡일 짚으시고 숨차하시면서

각종 통조림을 보자기에 싸드시고
혼자 사는 아들이
아무리 염려되시기로손

걸음도 잘 못 걸으시고
정신도 많이 혼미해지신
팔십오 세의 아버님인데……

저의 거듭되는
불효를 어머님 용서해 주십시오
아버님께서도 용서해 주시도록

오늘은 제가
두 분께 진심으로
큰절을 올립니다

-「東亞日報」1978. 5. 8

8·15야 8·15야

서른세 해 전의 8월 15일엔
나는 열네 살 철부지였다
잠꼬대마저 일어로 지껄이던.

그런 반쪽발이가
쉰 살을 바라보는 「한글 시인」으로
성장하였으니,

겨레의 얼을 되찾은 때문.
해방의 소용돌이, 그 속에서도
나라의 기둥이 세워진 때문.

비록 피 흘리는 반쪽에서나마
발 뻗고 누울, 땀 흘려 가꿀
땅이 있다는 것, 나라가 있다는 것,

「대한민국 만세!」 하고 소리칠
말이 있다는 것,
그것은 얼마나 신나는 일이냐. *

말에 미친 사람, 나는 자나 깨나
우리말 가꾸기에 헌신해 왔다.
이제 나의 이끼 낀 얼굴에선

한국의 바위 냄새가 나리.
나의 목소리엔 한국의 얼이 스미어 있다
어쩔 수 없이, 자랑스럽게도.

하지만 나의 피는 맑지 않아라.
분단된 국토의
아픔이 가슴을 멍들게 하였기에.

벌써 서른세 번째 돌아오는,
건국 후로는 서른 번째다마는
8 · 15야, 8 · 15야,

너의 고운 얼굴, 눈부신 태극기를
백오십오 마일 철조망 저 편
북녘 동포들은 볼 수가 없다니!   *

이젠 아주 세계의 구석구석,
저 에베레스트 정상에까지
펄펄 휘날리는 꽃다운 너를.

하지만 나는 굳게 믿고 있다
백두산 천지가 마르지 않는 한
북녘 동포들도 깨닫게 되리란 걸.

오랜 마비의 쇠사슬 끊고
악몽의 핏빛 수의를 내던지고
통일의 대열로 달려올 날을.

서른세 해 전의
그들의 기억 속의 8·15하고
우리의 그것과는 다름이 없었거늘,

하나의 깃발, 하나의 애국가,
하나의 강토, 하나의 민주주의,
하나의 꿈, 하나의 꽃다발, 하나의 자유······   *

누가 그 하나를 둘로 갈랐는가.
누가 그 하나의 겨레로 하여금
갈라져 싸우게, 피 흘리게 하였는가.

미친 개수작, 공산주의인가.
또는 어이없는 국제적 협잡인가.
어쨌거나, 어쨌거나,

이제 우리는 무서운 힘으로 일기 시작했다.
세계에, 세계에 빛뿜기 시작했다.
단군 이래의 쌓이고 쌓인 겨레의 에너지로.

결국 그것은 통일에의 의지인 것이다.
우리의 기억 속의
저 보석바구니 같은 불멸의 빛살,

처음의 8 · 15! 그것은 지나간
과거가 아니라, 차라리 다가올
아니 애써 쟁취해야 할 겨레의 미래여라. *

남북이 하나 되면
어찌 그것이 우리만의 기쁨이랴.
전인류가 축배를 들 것이다.

「가장 혹독했던 세계의 상처가
마침내 세계의 영광이 되었으니……」
하고 길이 역사에 기록이 될 것이다.

-「東亞日報」1978. 8. 14

새 빛을 낼지어다

부산은 이제 세계 무역의
집산지이듯
부산일보는 세계의 부산일보,
커질 수밖에 없다.

겨레 해방의 다음 해에 태어나서
삼십이 년의 가시밭길을
헤치고 솟은 보람,
이 눈부신 양지를 보라.

세상의 어둠,
시대의 부조리를 낱낱이 조명해서
세상의 소금,
시대의 새 생명을 낱낱이 증거해서

뭇 독자에게 희망을 안겨주는,
눈과 입과 가슴이 되어주는
활자의 길잡이, 신문의 사명에
일로 매진해 온 우리의 부산일보.   *

세계 안에 또 하나 빛을 뿜는
한국의 얼굴,
늘 싱싱한 미역내 더불어
우주로 열린 바다의 꿈이 어린.

이제 이 얼굴, 빛뿜는 활자들의
휘황한 꽃밭, 부산일보는
가속화돼야 한다.
좀더 현대화되어야 한다.

그런 부산의 의지의, 얼의
열망이 낳은 것이
이번의 최신식 윤전기 시설,
벌써부터 군침이 삼켜진다.

만약 현대에 신문이 없다면
세인은 오합지졸,
세상은 암흑천지이리.
그러기에 이렇게 말한 이도 있었거니,   *

「신문 없는 악정부보다는
신문 있는 무정부가 더 좋다」고,
그렇다, 신문은 절대로 필요하다.
누가 신문 없이 현대를 살아가랴.

하지만 신문도 신문 나름이니
그 치열한 경쟁에 이기도록,
늘 자아혁신을 통해
부산일보는 새 빛을 낼지어다.
부산일보는 새 빛을 낼지어다.

−「부산일보」 1978. 9. 10

새해의 편지

제야의 마지막
종소리 더불어 지난해의 찌꺼기는
이제 말끔히 가셔졌습니다.

기적인 양
어느덧 켜져 있는
가슴속 촛불-

그 촛불이
다시는 안 꺼지게
한껏 정성을 다해야겠습니다.

천정 모르고
치솟는 물가고(物價高)에
더불어 부풀어 올랐던 마음,

이런 때 부동산 투기를 않는 자는
천하의 바보라는,
돈을 갖고 있을 자격도 없다는　　　　*

폭언에 이몸은
돈도 없으면서 솔깃해했었지요.
그리고 덩달아 동조했었지요.

세상에 믿을 건
돈과 물질,
좋은 건 관능의 쾌락뿐이라고.

물론 실은 그렇지가 않다는 것쯤
옛날에 꿰뚫어 보았던 이몸이나
타락하니 별 수가 없더군요.

암흑의 눈엔 암흑밖에 안 보였고,
암흑의 귀엔 소란밖에 안 들렸고,
암흑의 사지(四肢)는 사지(死地)만 더듬었죠.

이제 가슴속 촛불이 밝으니
세상의 구석구석 깃들어 있는
고요와 부드러움, 그것이 보입니다.

빛이 빛을 부르는 소리가 들립니다.

그대 가슴속 촛불만 안 꺼지면
어둠은 없노라고.

어디서인가 연꽃내 풍기더니
이몸엔 미소가 떠올라 왔습니다.
그것은 결의의 미소입니다.

나는 나답게 살아야 되겠다는,
결코 가난을 두려워하지 말며
사소한 일에 성실을 다하자는.

지금 겨레의 한 사람 한 사람이
모두 가슴속 촛불을 밝힌다면
지금은 그대로 영원(永遠)이 됩니다.

새해엔 우리 하루하루를
새롭게 누립시다. 시시각각으로
새롭게 태어나서, 온전히 아름답게.

―「京鄕新聞」1979. 1. 1

현충일(顯忠日)에

오늘은 이 나라 이 땅에 살아있는
모든 동포들이
숙연히 눈감고
심신의 오염을 씻어야 하는 날,
영령들의 소리 없는 말씀으로,
기울어가던 나라의 방패 되어 싸우다 가신.

보라, 여기는 동작동 국군묘지.
일체의 소란과 시간을 벗어나서
한결 신선한 초록의 성역,
흰 묘비들은 하늘로 날아갈 듯
발돋움하다가는 다시 제자리에
주저앉고 주저앉고……

영령들의 말씀,
「어찌 우리가 이곳을 떠나리오.
살아서 그토록 정성을 다해,
피와 눈물과 목숨을 다해
아끼고 사랑했던 이 나라, 이 겨레를.

우리는 죽어서도 이 강토 지키리라」

동포여, 동포여,
그 말씀이 들리겠지
우리의 감은 눈에 비처럼 흐르는,
우리의 살을 전율케 하고, 피를 뜨겁게
들끓게 하는. 그 핏속에는 우리의 것뿐 아닌
영령들의 피도 되살아 맥 뛰고 있음이여.

다짐하자, 다짐하자
조국의 평화 통일, 번영과 영광을,
다시는 동족상잔이 없게,
백두산에서 한라산까지
태극기 휘날리고 무궁화 만발하게,
세계에 으뜸가는 지상의 낙원 되게.

오늘은 이 나라 이 땅에 살아있는
모든 동포들이
숙연히 눈감고

심신의 오염을 씻어야하는 날,

영령들의 소리없는 말씀으로,

쓰러져가던 겨레의 방패 되어 싸우다 가신.

　　　　　　　　　　　－MBC TV 1979. 6. 6

아아 6·25

벌써 29년의 세월이 흘렀건만,
그동안 강산도
세 번이나 탈바꿈하였건만
바뀌지 않은 것, 그것은 6·25라.

내가 나직하고 그윽한 목소리로
「아아, 6·25! 나오시오」 하였더니
「예, 나가지요」 하면서 나오는 것,
연달아 꾸역꾸역 악취를 풍기며
세계의 오물이란 오물은 모조리
(어쩌면 그동안에 변색도 않고!)
세계의 악몽이란 악몽은 모조리
지상의 아픔이란 아픔은 모조리
155마일 휴전선만큼이나
길고 답답하게 꼬리를 물고 이어져 나오누나.

왜 그것들이
하필이면 이 한반도에 모였더냐.   *

해방과 더불어
겨우 되찾은 국토를 둘로
뎅가당 잘라놓은 놈들은 누구인데?

2차대전
의 유복자(遺腹子), 코리아
세계는 코리아를 키워야 할 의무가 있었건만
오히려 깊은 상처를 주었구나.

그 상처의 깊고 깊음이여
그것은 이 땅의 상처만이 아니기에
둘로 갈라진 세계의 갈등,
세계의 치부, 세계의 고뇌가 곪은 것이기에
언젠가는 터질밖에 없었지만
그것을 먼저 재빨리 악용한 건
붉은 이리떼, 김일성 도당.

1950년 6월 25일
그날 이 땅은 일요일이었는데,

철조망에도 장미는 피고
장미에는 이슬이 아롱지고
하늘엔 비둘기의 둘레춤이 있었는데,
홀연 요란한 총성이 울리더니
탱크 앞세우며 공산군 이리떼는
이 땅을 휩쓸었다. 28일에는
서울이 떨어지고. 공산주의
는 요원의 불길인 양 남으로, 남으로
조국의 8할을 초토로 만들었다.

적치하 3개월
의 서울은 생지옥.
인민재판이란 끔찍한 이름 아래
즉석에서 학살이 자행뇌고,
얼마나 많은 꽃다운 젊음들이
개죽음을 당해야 하였더냐,
강제 의용군에 끌려간 끝에.
기아를 먹고
공포를 숨쉬면서

나는 숨었거니,
캄캄한 마루 밑
의 구덩이 아니면 천정 구석에.
그래도 연명할 수 있었으니 천행(天幸)!
9·28수복 때의
그 눈부신 아름다운 태극기를
나는 결코 잊을 수 없으리라.
드디어 국군 38선 돌파 북진,
UN 16개국 한국전 참전 만세!

미국은 한국을 버리지 않았구나.
아냐, 한국전이
기실은 국지화된 3차대전인 걸!
따라서 음흉한 건 언제나 소련이지,
북괴에겐 무기나 대어주고
슬슬 뒷전에서 조종을 일삼으니.
미국과 맞붙기를 소련은 피하면서
소련은 미국을 피 흘리게 피 흘리게……
농간을 일삼으니. 하지만 정말

억울하고 원통한 건 우리 한반도라.
배달의 한 겨레가 둘로 갈라지고
삼천리 한 강산이 둘로 갈라져서
이북은 붉은 바람 공산 독재 바람
이남은 푸른 바람 민주 자유 바람
서로 원수 되어 싸우고 죽이다니!
서로 총질하며 목숨을 빼앗다니!

그런대로 목전에
이루어질 뻔했던 통일의 꿈은
다시 허공중에 산산이 깨어졌다.
중공 오랑캐의 느닷없는 개입으로.

오랑캐야, 오랑캐야,
철천지한이로다.
자고로 너희들은
몇 번이나 이 땅을 침공했나?
그 못된 버릇 아직도 못 고치고
이번엔 인해전술,

그 무지막지한 떼죽음이 주효하여
국군과 UN군은
눈물의 후퇴를 할밖엔 없었으니,
북한의 전역에서,
무려 2백 40만의
겨레의 대이동이 또한 그 기회에
야기되었나니.

못살겠다 남하(南下)하자.
공산당 학정하에 다시는 못살겠다.
가다가 얼어죽는, 또는 굶어죽는 한이 있더라도,
가다가 떠밀려서 또는 짓밟혀 죽는 한이 있더라도.
보라, 저 부서진 대동강 다리,
그걸 얼기설기 개미떼처럼 까맣게 덮은 것은
남부여대한 피난민 행렬.
보라, 저 남하열차(南下列車),
화차의 지붕까지 초만원을 이룬
결사의 동포들을. 눈보라, 험한 길,
파도의 위험쯤은 오히려 약과렷다.

그저 태양처럼 빛나는 자유기에

그저 목숨처럼 그리운 자유기에

그 한없이, 한없이 이어지던 남하의 대열.

그렇다, 공산주의

그게 무슨 말라빠진 개뼈다귀더냐.

툭하면 자아비판,

툭하면 성토대회,

그것도 자칫하면 반동으로

몰려서 죽게 되지.

「동무는 당성(黨性)이 의심스럽소」

그러기에 밤낮 앵무새처럼

외어야 하는 것은,

영용한 지도자, 어버이 수령, 인민의 벗이자

겨레의 태양이며, 만고에 빛날 위대한 영웅,

절세의 애국자인 김일성 장군이라.

그것은 차라리 더러운 사교(邪敎),

미친 이데올로기, 일종의 지랄병.

이것만이 절대적인 진리라고

믿는 건 자유지만
그걸 자기 이외의 모든 사람에게
모든 민족, 모든 국가에게
사생결단코 강요한다는 건
도대체 무슨 개수작인가.
(미쳐도 곱게 미치지 않고……)

공산주의자들의 무서운 결속,
하지만 그것은 사랑에 의한 결속은 아니었다.
다만 지독한 증오에 의한 결속이었거니.
증오는 파괴와 황량을 낳을 따름.

※

결국 3년의 전란이 우리에게
가져온 건 무엇인가?
그 수백만 사상자의 핏값으로,
찢기고 할퀸 국토의 초토화로 얻은 건 무엇인가?
결국 다시 제2의 38선인

군사분계선이 생겼을 따름이니.

사람들아, 사람들아,
새로 세워진 보신각 앞에 서서
무심히 그 안을 기웃대는 사람들아,
29년 전의 이곳은 폐허였다.
서울은 그때 반쯤 이지러진
동대문과 남대문이 남았을 정도.
종로 네거리에
보신각은 간데없고
거기 검은 전쟁의 상흔인 양
아니, 살아남은 조국의 얼인 양
초토에 주저앉아
웅크리고 있었던 것,
자유종(自由鍾)을 보았었지,
꺼멓게 타서, 그슬린 채로
신음소리 한마디 지르지 않더라만.

이제 그 불멸의 종은 말하나니,

「조국 분단은
겨레의 시련이자
세계의 치욕,
그 치욕을
영광으로 바꾸어라.
둘을 하나로,
증오를 사랑으로.
이제 머지않아
세계의 구석구석
빛은 우리 한반도에서
퍼져 나가리니」

-「月刊中央」 8월호 1979

1980년 정월 초하루 영시에 임하여서

진실로 악몽의 연속과도 같은
충격과 불안의 한해도 갔습니다.
다시는 오지 못할 망각의 늪 속으로.
만감이 구비치던
제야의 종소리도
이제는 그쳤어요.
묵은 허울에의
집착은 깡그리 버려야 할 때.

1980년의 새로운 해가
드디어 비롯된 엄숙한 지금,
새로운 믿음,
새로운 소망,
새로운 사랑으로 넘쳐야 할
새로운 역사의 새로운 첫 장이
펼쳐진 지금,
오천만 동포의 마음이 하나로 뭉쳐진 지금,
손에 손을 잡은 삼천리 강산도
어둠 속에서 한줄기 빛을 찾아

숨을 죽인 지금,

진실로 〈지금〉은 시간이 아닙니다.
우리는 지금
바로 고스란히
〈영원〉의 품안에 안겨져 있으므로.
새로이 열린, 우리의 호흡,
새로이 뛰는 우리의 맥박,
새로이 트인 우리의 시야,
그것이 다름아닌 천지개벽임을,
우리의 무한한 가능성임을,
어둠을 사를 창조의 씨앗임을
우리는 믿어 의심치 않습니다.

우리는 지금,
이 영원에서, 삶의 근원에서
시공과 더불어 하나 된 마음,
떨리는 고요,
무궁한 사랑,

빛나는 예지,
순수무구한 양심의 바탕에서
새 출발하십시다.

싸움에서 화해로,
구속에서 해방으로,
미움에서 사랑으로,
닫힌 사회에서 열린 사회로,
경제 성장에서 정치 발전으로,
허영에서 내실로,
졸속과 과잉에서 순리와 적정으로,
불신에서 신뢰로,
황금 만능에서 정신 혁명으로,
오만과 독선에서 겸손과 아량으로,
빈부의 격차에서 고루 잘 살게,
미봉책에서 슬기로운 정책으로,
권력의 시녀에서 정의의 사도로,
부정부패에서 청렴결백으로,
낭비에서 절약으로,

간계와 이기에서 정직과 이타로,
인간 소외에서 인간 회복으로,
동맥경화에서 유연성으로,
상처에서 영광으로,
국토의 분단에서 통일로,

우리는 지금,
우리는 지금,
이 영원에서, 삶의 근원에서
시공과 더불어 하나 된 마음,
떨리는 고요,
무궁한 사랑,
빛나는 예지,
순수무구한 양심의 바탕에서
거듭 새 출발을 맹세하십시다.

-「東洋放送」1980. 1. 1

시인아 너는 선지자 되라

4월에 시인은, 이 땅의 시인은
종달새보다 아니, 저 신비의
에베레스트 산정의 높이보다
더 높이, 드높이 솟구쳐라!

백두산과 한라산이 머리를 맞대는,
천지와 백록담이 하나로 꿰뚫리는,
오천만 겨레의 멍든 가슴속이
한눈에 굽어뵈는 통일의 높이까지.

삼십오 년이나 참고 견뎌온
분단의 아픔, 그 검은 피고름이
통일의 불꽃으로 바뀌어 타오르게
시인아 너는 선지자 되라!

지금 이 땅은 역사의 갈림길에,
너무도 엄청난 고비에 놓여 있다.
근시안적 분쟁과 탐욕으로
갈가리 찢긴 동포의 가슴에서

다시 사랑과 희망의 샘이 솟게
시인아 너는 겨레의 혼을
불러 일으켜라! 정통의 대로에서
어둠을 몰아내는 횃불이 되라!

-「京鄕新聞」1980. 4. 1.

한국의 등불
—한국일보 창간 26주년에

가장 빛밝은 한국의 등불,
한국일보.
켜진 지 이십육 년, 낮이나 밤이나
한 번도 꺼져 본 일이 없네.
앞으로도 영원히 꺼질 날 없으리
이 나라 이 겨레의 맥박이 뛰는 한,
한국어와 한국혼이
마르지 않는 한.

가장 운치있는 한국의 신문,
한국일보.
끔찍끔찍한 활자가 난무하는
정치의 소용돌이, 그 제1면에
거의 매일 시를 싣는 희한한 신문.
사막의 오아시스,
뜨거운 불볕도 어느덧 누그러져
잠시 마음을 씻게 되지.

가장 활기찬 한국의 얼굴,

한국일보.
젊음의 의욕과 슬기에 넘쳐 있네.
그걸 당당히 밀고 나가야지.
신문은 결코 쉴 수 없고
신문은 결코 늙을 수 없고
시대와 더불어 숨을 쉬면서도
시대에 앞장서는 슬기를 지니는 것.

한국일보,
한국일보,
이 땅의 소금이자 세계의 소금 되라.
겨레의 빛이자 인류의 빛 되라.
너와 나 우리가 실은 하나임을,
국가와 국가, 민족과 민족 사이
장벽도 마땅히 헐려야 됨을
꾸준히 증거하라, 드높이 외치어라.

−「한국일보」 1980. 6. 8

실로 장하도다 장하고 장하도다
-「파랑새」호의 성공 소식을 듣고

달마 대사가 갈잎을 타고
양자강을 건넜다면 차라리 믿어지지.
그야 그분의 도력(道力) 때문이려니.
하지만 이건 꿈 같은 사실이다!
울산을 떠난 「파랑새」호가
75일 항해 끝에
미국의 서안 LA에 닿은 것은,
한마디로 태평양을 횡단한 것은.

잠수함도 항공모함도 아닌
2인승 요트라니! 그 가랑잎으로
어떻게 망망대해를 견뎌냈나?
어떻게 그 산더미만한 격랑,
어떻게 그 칠흑의 통신 두절,
어떻게 그 지독한 폭풍우를
우리 두 대한 남아,
노영문(魯永文)과 이재웅(李載熊)은.

실로 장하도다, 장하고 장하도다.

상처 하나 입지 않고
미소를 띠우며, 두 젊은 신(神)들처럼
환호에 답하는 그대들 모습……
박수를 치자, 박수를 치자
그 아름다운 동서(東西)의 만남에.

고난의 운명을 그냥 고스란히
영광의 사명으로 바꿀 줄 아는 것이
우리 한국인의 의지와 슬기임을
두 젊은이는 세계에 실증했다. 아니
어찌 그뿐이랴. 검은 눈동자나
파란 눈동자나 꿈이 깃들면
바다처럼 깊어짐을, 하나의 사랑,
하나의 평화를 갈구하게 됨을.

－「東亞日報」1980. 8. 8

햇살과 촛불

김 빠진 맥주 같은 신년시 이젠
안 쓰겠습니다, 했더니 여기자 왈,
그래도 지구는 돌고 있잖아요,
아무리 각박한 상황이라 하더라도
한줄기 햇살 같은 시가 아쉬워요,
하길래 또 용기를 냈습니다.

요즘 제가 기거하는 아파트 안은
냉장고 같아요. 오일 쇼크 탓이기도
하려니와 실은 마음이 꽁꽁 얼어서죠.
오늘은 어찌나 추운지 말예요,
낮인데도 촛불을 켰습니다.
문을 잠그고 촛불을 켰습니다.

촛불에 비하면 시는 부끄러운 것,
더구나 어찌 한줄기 햇살에다
견주겠어요. 햇살도 촛불도
말이 없습니다. 시처럼 중언부언
뇌까리거나 울부짖진 않습니다.

뒤틀린 비유나 상징도 안 씁니다.

그래도 깊이 사람의 마음속을
비추어 주는 공덕을 지녔지요.
피를 훈훈하게, 살고 싶게 하죠.
원컨대 저의 시도 사람의 마음을
따스하게 해 줬으면, 서로 아끼고
믿는 마음에서 눈물나게 해 줬으면.

촛불은 촛불일 때 아름답기 그지없다.
햇살은 햇살일 때 어둠을 몰아낸다.
누가 감히 촛불을 의심하랴.
누가 감히 햇살을 의심하랴.
그런데 인간은 인간을 의심한다.
서로 경계하고 속이고 헐뜯는다.

인간의 상호신뢰, 그것을 여의고는
민주도 자유도 있을 수 없습니다.
정의도 통일도 있을 수 없습니다.

석유라곤 한 방울도 안 나는 이 나라에

아아 언제면 서로 믿고 사는

인정의 샘이 콸콸 솟을지요.

-1980. 12. 28

새해엔 나도 조깅을 할까나

새해엔 나도 조깅을 할까나.
첫 새벽 새 공기로
허파에 묻은 그을음을 닦아내고
새해엔 나도 새사람이 될까나.

안암동 개천 따라 조깅을 하면
길가에 늘어선 버드나무 실가지에
새 빛이 트는, 나날이 달라지는
생명의 경영을 실감하게 되리.

비록 더러운 부패한 물이라도
흐르는 물을 본다는 건 기쁨이지.
빨간 발의 비둘기들이 모이를 찾아
더러 모여드는 광경도 볼 만하지.

저만치 보이는 백운대 인수봉을
흰 머리 휘날리는 이마로 더듬으며
하지만 나는 내 안의 끓어 오는
피를 느끼리, 생기를 깨달으리. *

피 식은 젊은이가 어찌 살까나,
하고 술 마시면 입버릇처럼
뇌던 어느 오십대의 시인도 갔다.
안주도 안 하고 깡술만 마시더니.

할 일은 많은데 기력이 없어서야
어디 될 말인가. 힘을 내야지,
몸을 단련하면 새 기운이 솟고말고,
서서히 그러나 쉬지 않고 밀고 나가련다.

-「스포츠東亞」 신년호 1981

예수 그리스도

드높은 곳의
보이지 않던 것이 보이는 것으로
하느님이 인간으로
별이 꽃으로
공기가 이슬로
물이 불이 되듯
돌이 빵이 되듯
어둠이 빛이 되듯
명명백백한 놀라운 기적으로
당신은 지상에
그러나 가장 낮은 데로 임하셨네

흙과 지푸라기 콩깍지 따위
냄새가 나는
그러기에 오히려 지상에서는
가장 정결하고 안온한 데로
마구간으로

요셉과 마리아

양과 말과 닭과 비둘기와
별들이 서로 눈물 지으면서
이마를 맞대던 곳
믿음과 희망과 사랑으로 하나 되어
숨쉬던 곳에
당신은 임하셨네
발가숭이 아기로
빛으로
말씀으로
인류의 구세주로

당신은 고난의 가시밭길을
옷 한 벌 말고는
가진 것 하나 없이
맨주먹 맨발로
아프게 황홀하게 사셨지요
당신이 흘린 피는
가장 의로운 사람들 가슴속의
불길이 되었고

당신이 떨군 눈물
그것은 가장 가난한 사람들의
가슴속 깊이에서
진주가 되었어요
당신이 뿜은 말씀
그것은 가장 좌절한 사람들의
지옥문 같은
가슴을 열어주는
빛이 되었어요

절망의 언덕
골고다의 폭풍우 몰아치던

보라!
거기엔 아직도 거대한 십자가가
천상천하를 이어 주는 다리가
여전히 솟아 있다
고뇌를 환희로
의혹을 확신으로

슬픔을 위안으로

유한을 무한으로

싸움을 화평으로

고독을 사랑으로

지옥을 천국으로

상처를 영광으로

바꾸어 주는 기적의 비결

신비의 극치

불멸의 열쇠로서

미동도 않고 있다

엄존하고 있다

하나 그 십자가는

가난할 대로 가난해진 사람들

눈에서 수없이 비늘이 떨어진 사람들만이

볼 수 있고

보이지 않는 의로운 피를

한없이 흘린 사람들만이

느껴서 알 수 있다

지상에서는 가장 정결한 두 손을 지닌
사람들만이
당신의 깊은 동굴의 상처를
만져 볼 수도 있다
귀를 적어도 세 개쯤은
가지고 있는 사람들이라야만
당신 심장의 고동을 역력히
들을 수 있다

세계의 구석구석
교회가 없는 마을은 없더라도
사람들 눈엔 살기가 어려 있고
사람들 가슴엔 사랑이 바닥나고
사람들 귀엔 말뚝이 박혀 있고
사람들 손에선 탐욕의 때가
까맣게 반들반들
떨어질 줄 모른다면
악마의 꼭두각시
허수아비나 무엇이 다르리오!   *

사람들아 사람들아
눈 씻고 보자 통회의 피눈물로
귀 열고 가슴 열고 손 닦고 보자

여기 가장 순결한 인간이 있다
여기 가장 아름다운 인간이 있다
여기 가장 가난한 인간이 있다
여기 가장 의로운 인간이 있다
여기 가장 고뇌하는 인간이 있다
여기 가장 사랑하는 인간이 있다
여기 가장 목마르고 춥고 배고픈 인간이 있다
여기 구원의 인간신이 있다

－「기독교방송」 1981. 12. 25

남북의 겨레는 둘이 아니다

서울의 해와 평양의 해는
다른 것이 아니듯이
남북의 겨레는 둘이 아니다.
백두산 천지 물과 한라산 백록담 물은
다른 것이 아니듯이
남북의 겨레의 가슴속 피는 동일한 피다.
인천 어린이의 눈동자 빛과
원산 어린이의 눈동자 빛은
다른 것이 아니듯이
남북의 겨레의 마음은 하나다.
남북의 겨레의 언어는 하나다.

하나인 우리 겨레,
옛날 단군 조상 때부터
우리 겨레는 하나를 숭상했지.
홍익인간의 뜻을 세웠기에
사해동포의 사랑을 지녔기에
언제나 하나의 나라를 염원했지.
둘로 갈라지고,

셋으로 쪼개지는 경우는 있었지만
결국엔 하나로, 하나로 합쳐졌지.

왜란(倭亂)도
호란(胡亂)도
이 나라 이 땅을
비록 쑥밭으로 만들긴 하였지만
끝내 초토로 화하게는 못했던 것.

하지만 어찌하여
역사의 시련은 끝날 줄 모르는지?

그 무수한 외침을 받고도
단 한 번도 외국을 침략해 본 적은 없는
어질디어진 백성,
남달리 평화와 안녕을 희구해 마지 않는 것도
죄가 되는 건지?

36년의 죽음을 꿰뚫고도

살아남은 우리에게
이어 36년의 분단이 웬 말인가.

분단은 지금도 계속되고 있다.
보이지 않는 유혈은 지금도 계속되고 있다.

저 끔찍한
동족상잔의 비극을 치르고도
달라진 것이라곤
38선 대신
휴전선이라는 낱말밖에 더 있는가.

6·25는 언제 재발할지 모른다는,
나는 언제 죽을지 모른다는,
한강변의 기적은 언제
폐허의 잿더미로 화할지 모른다는,
그 위기 의식,
하늘이 무너져내리는 좌절,
대낮의 어둠,

불안의 좀벌레는
분명히 겨레의 척추신경을 갉아먹고 있다.

그래서 우리는 미칠 듯이 성급하고,
그래서 우리는 더욱더 답답하고,
그러면서도 잘 살아 보겠다고
사력을 다하지만
그러면서도 너무도 어이없이
무너지기 일쑤이다.
백년대계라는 말은 없어진 듯
졸속과 미봉책 사이를 우왕좌왕
갈피를 못 잡고 있는 듯하다.

동포여, 동포여,
우리 잠시 일손을 멈추고
저 하늘을 우러러보자.
거기엔 38선도 휴전선도 없는 것을.

그리고 마음속의

백두산 천지 물로
또는 저 한라산 백록담 물로
이마를 식혀 보자.
혈안(血眼)을 씻고 보자.

지구상 어디에 이런 곳이 있겠는가.
한 발 가면 산이 섰고
두 발 가면 물이 쌀쌀……
보기만 해도 눈물이 솟는 강산,
보기만 해도 숨구멍이 트이는 국토,
이런 국토에 사는 백성들이
서로 갈라져 헐뜯고 싸워야 한다는 것은
있을 수 없다. 인류의 치욕이다.
이런 국토의 허리를 뎅가당 잘라 놓는 일은
있을 수 없다. 세계의 수치이다.

분단된 국토는 통일돼야 하고
갈라진 겨레는 다시 하나로 뭉쳐야 한다. *

이것은 겨레 지상의 염원이자

인류의 양심선언인 것을,

겨레여, 우리 오천만 동포들은

거듭 되새기고 되새기고 되새기자.

우리 저마다의 간(肝)에 되새기자.

마침내 그것이 성취될 때까지.

우리에게 진정 나라를 위한 마음,

진정 자유와 민주를 위한 마음,

진정 평화와 행복을 위한 마음,

진정 인류와 세계를 위한 마음이 있을진대.

－「韓國經濟新聞」1982. 3. 3

1983년의 추석

유달리 무더웠던, 그리고 눈물도
한(恨)도 많았던 올 여름은 아직도 저만치 서서
긴 꼬리를 들먹이고 있다.
바야흐로 천고마비의 철이언만.

아물 길 없던 세기의 상처,
이산가족들이 흘렸던 눈물로도
인류의 무명(無明), 마(魔)의 공격성을
가시게 할 순 없었던 모양.

그래도 드디어 오늘은 추석이다.
공중폭파된 여객기의 원혼들도 제발 고국산천,
가정의 단란으로 돌아와 다오
차가운 북해(北海)의 표류에서 벗어나서.

장안 한복판, 종로의 하늘에
채반만한 달이 떠도
쳐다볼 줄을 몰랐던 우리지만,
그렇듯 부끄럽게 살아온 우리지만,　　　　　　*

오늘은 달라야지. 무르익은 오곡백과
푸짐히 차려놓고, 조상과 후손이,
산 이와 죽은 이가
흉금을 터놓고 만나는 날이므로.

세계의 중심, 「만남의 광장」에서
바라보는 보름달은 남북통일의 달,
아니 장래엔, 동서고금이 하나로 뭉치는
화평의 달, 태극(太極)의 달이 되리.

-「東亞日報」1983. 9. 20

가는 해와 새해 사이

하루하루를 무르익어 떨어지는 과일처럼
알차게 살았다면,
일년 열두 달이 염주알 넘어 가듯
무심히, 소리없이, 굴러 갔으련만.

가는 해는 어느덧 오는 해로 둔갑하여
우리의 이마에 여명을 알리는
한 가닥 청신한 바람을 보내련만,
천계(天啓)와도 같은 바람을 보내련만.

가는 해와 새해 사이,
섣달 그믐날, 오늘은 왜 꼼짝도 안 하는가.
그렇다고 저 시간의 수레바퀴,
그것이 고장났을 까닭이 없다.

고장난 것은 우리의 마음이지,
정체해 있는 것은 우리의 마음이지.
풀 길 없던, 한해의 한(恨)이 쌓이고 쌓여
우리의 가슴을 멍들게 했기 때문.   *

하긴 올해에만 우리를 울렸던
대형 사고들이 있었던 건 아니다.
그러나 KAL기 피격 같은,
또는 아웅산 암살 폭발 같은

끔찍한 사건들은 두고두고 우리의
가슴을 울리리. 그리고 저 만남의 광장에서
이산가족들이 흘렸던 눈물도.
그것들이 의미하는 근본은 무엇일까.

우리는 거듭거듭, 수없이 뼈에
새겨야 할 것이다. 통일(統一) 두 글자를.
국토의 분단이 겨레의 분열과
상잔의 비극을 낳았던 사실을.

상처는 그러나 아물지 않았기에
우리는 여전히, 쉴 새 없이,
엄청난 피눈물을 흘리고 있음을,
부지불식간에 흘리고 있음을   *

엄숙히, 똑똑하게 인식해야 한다.
딴은 그러기에 국력신장이니
민주니 정의니 지표는 세웠건만,
무명(無明)은 아직도 겹겹이 우리 눈을 가리고 있다.

이 불안과 위기의 상황에서
믿을 건 돈과 물질밖에 더 있는가?
그리고 좋은 것은
온갖 쾌락의 충족밖에 더 있는가?

하고 우리는 과신하진 않았는지,
돈독이 올라 눈동자가 노랗게
되지는 않았는지, 수단 방법을 가리지 않느라고
손이 썩어가고 있는 것은 아닌지,

오늘은 우리 모두 마음의 거울에
스스로의 모습을 비추어 볼 일이다.
굳이 감겼던 지혜의 눈을 떠서
삶의 실상을 꿰뚫어 볼 일이다.   *

소중한 것은 언제 어디서나
항심(恒心)을 지니는 일,
그것만이 불안과 위기를 극복해서
평화와 복락을 누리게 할 것이다.

늘 맑고 겸허한 심정으로
하는 일에 기꺼이 정성을 쏟을 때,
시간의 수레바퀴 소리는 안 들리리.
가는 해는 어느덧 새해로 이어지리.

-「京鄕新聞」 1983. 12. 30

새해엔 나도……

염주를 더듬으며, 나는 생각했다.
깊은 산 숲속의 옹달샘처럼
새해엔 나도
맑고, 차게, 늘 새로움을 간직하리라고.

소리없이 내리는 눈을 바라보며,
나는 생각했다. 저 눈발처럼
새해엔 나도
말 없는 가운데에 말을 전하는 슬기를 익히자고.

겨울 쓸쓸한 까치집을 바라보며,
나는 생각했다. 불우한 이웃들을.
새해엔 나도
좀더 그들에게 따스한 손길을 뻗쳐야 되겠다고.

석유난로의 파란 불꽃
심지를 바라보며, 나는 생각했다.
새해엔 나도
저 불꽃처럼 완전연소하며 살고 싶다고.

-「쥬단학」 1월호 1984

봄 여름 가을 겨울
−「選美術」 창간 5주년 축시

사물의 빛깔이 개의 눈엔
흑백으로만 보인다고 합니다.
그러니 누가 개팔자를 부러워하겠어요?

인간 된 행복 중의 제일은 시력이나,
그 안복(眼福)도 제대로 누리자면
미(美)에 눈떠야죠.

미(美) 하나로 동서고금이 하나로 꿰뚫리는
「選美術」 공간에선
불 속에서 연꽃이 피어나고,

잉어가 헤엄치죠 공중에서.
매화의 향기 어린 당신의 눈물은
옥(玉)으로 둔갑하고,

봄, 여름, 가을, 겨울,
「選美術」 공간에서 노닐다 보면
누구나 눈이 씻겨 행복해진답니다.

−「選美術」 봄호 1984

독도(獨島)에 대하여
―日本의 良心에게

어지러운 구한말 풍운을 틈타서
구렁이처럼 슬금슬금 살금살금
침략의 마수를 뻗쳤던 일제(日帝),

무엄하게도
고종(高宗)의 모가지를
끽소리 못하게 눌러 놓고는,

온갖 흉계와 강탈을 자행했지.
1905년엔 멋대로 독도(獨島)를
「다께시마」로 개칭.

자기네 땅이라고 우기기 시작했고,
오늘날에도 가끔 심심하면
생떼를 쓰니 정말 해괴한 일.

여보게 일본아, 시대를 착각 말게.
호혜평등(互惠平等)의 입장이라면서
왜 아직도 한국을 깔보는가?　　　　*

한때 너희들이 한국 사람을
일본 성명으로 불렀다 해서
지금도 일본 사람이라 우긴다면,

지나가는 개도 웃지 않겠는가.
독도를 제아무리 「다께시마」라고
불러보았댔자 독도는 독도다.

한국 영토다. 대한민국 경상북도
울릉군에 속해 있다.
이 우주 시대에 눈 가리고 아웅하는

그 따위 왜소한 왜(倭)의 짓은 그만 해라.
일본으로서의 긍지를 가져라.
그리고 뼈져리게 뉘우쳐 볼 일이다.

한국에 저질렀던 끔찍한 죄악,
세상의 어느 나라 식민지 역사상에
일제의 그것 같은 만행이 있었는가?   *

한국인의 얼마저 뺏으려고
한국어 말살에서 한국인의 성명까지
왜성(倭姓)·왜명(倭名)으로 갈게 하였으니.

불의의 총칼은 끝내 그 총칼로 하여
망하고 만다는 걸
깨닫는다는 일이 그렇게도 힘겨운가.

우선 물어보라, 물어보라, 물어보라,
온갖 역사적 문헌에, 기록에,
지도에 물어보라.

그러면 그것들은 일제히 응답하리,
너희 나라의 기록도 포함해서.
「독도는 옛날부터 한국 땅이니라」

만약 그러고도 기별이 안 가거든
단도직입으로 양심에 물어보라.
피에 물어보라. 얼에 물어보라.　　　　＊

일본의 얼이나 한국의 얼이나
얼은 참으로 공평무사한 것,
얼은 서로 존중하며 거짓말은 안 하는 것.

일본의 얼이 빠지지 않았다면
앞으로는 그런 잠꼬대 같은
망언은 하지 말라.

※

오늘은 청명한 한국의 가을날,
나라의 막내아들, 독도가 보고 싶어
나, 단숨에, 이곳에 왔다.

국토의 최동단, 망망대해를
홀로 지키기에 독도(獨島)인 그대건만
오 의젓해라, 아름다운 그대 모습.

「잘 있었니, 독도야?」

「예, 그러믄요, 보시다시피.
나라 안 사정도 다 무고한지요?」

독도가 그렇게 낭랑한 한국어로
대답을 해 왔을 때
나는 그만 눈물을 흘렸지.

떨리는 손으로 독도의 팔다리,
가슴을 더듬다가 나는 하마터면
실신(失神)할 뻔했다.

그의 열렬한 애국의 일편단심,
지성(至誠)의 불길에 화상을 입었던 것.
하지만 나는 이젠 뼛속까지 흐뭇하이.

-「詩와 意識」가을호 1984

민충정공 영환(閔忠正公 泳煥)의 순국

- 을사조약

집안이 망해도 곱게 망하기는
어려운 법이어늘, 하물며 나라이랴.

국운이 쇠해서 나라가 기우니
오백 년 사직의 기둥이 들먹들먹.

암운이 드리운 땅에는 도처에서
탐관오리들이 백성을 괴롭혔네.

열강의 제국주의 회오리 바람 속에
오랜 쇄국의 치몽은 깨어지고,

봇물 터지듯 외세는 밀어닥쳐
대한의 운명은 풍전등화로세.

기회는 이때라고 음흉한 일본,
양의 탈을 쓰고 가까이 오더니만,

청일 전쟁으로 청국을 몰아내고
노일 전쟁으로 노국을 물리쳐서

대한 독립을 공고히 한다더니,
동양 평화에 이바지한다더니,

이리의 이빨과 발톱을 드러내어
대한의 목을 물고 할퀼 줄야.

저 치떨리는 「을사보호조약」
나라의 외교권과 경찰권을 빼앗겼네.

불쌍한 우리 황제, 고종은 몸져 눕고
미친 바람에 허수아비 넘어가듯

마침내 얼빠진 다섯 명 대신들은
나라를 팔아먹는 도장을 찍었으니.

二 시일야방성대곡(是日也放聲大哭)

이 청천벽력의 조약이 발표되자
장안은 삽시간에 눈물의 바다로.

종로의 상가는 철시하고 비읍했고
학교는 폐문하고 사제가 통곡했네.

이때 위암 장지연은 「황성신문」에
「시일야방성대곡」 논설을 실었네.

새벽에 일만 부를 전국에 배포하여
항일의 끓는 피를 불처럼 타게 했네.

「아! 저 개돼지만도 못한 정부 대신들,
사천 년을 이어 온 강토와 역사,

오백 년 사직을 일본에 바치고
이천만 동포를 노예로 만들었다.   *

살아야 할 것인지 죽어야 할 것인지
분하고 분하도다. 동포여, 동포여!」

三 민영환의 순국 자결

민영환은 어릴 적부터 효성이 지극했고
망언은 하지 않는 신중한 호학도.

순탄한 관운 따라 일찍 벼슬길에,
내외의 요직을 두루 역임했네.

개화의 물결 따라 이 나라 사람으론
처음 세계일주 여행을 하였고,

열강의 선진 문명 시찰을 통해
그는 구국 경륜을 품고 있었건만,

그의 「천일책」의 요체는 바로
자주자강의 내실을 기필 성취하자는 것.   *

하지만 이미 시대는 저물었고
벌집처럼 구멍이 뚫린 나라.

이제 그 나라는 바다에 침몰하리,
을사보호조약 체결이 그 신호!

그는 세 번이나 백관을 거느리고
조약의 파기를 상소하였건만,

소용이 없었거니, 하여 그는 결심했다
죽음으로써 국은에 보답하고,

국민을 경각시켜야 되겠다고.
광무 9년 11월 30일 오전 6시,

그가 자결하자 서쪽 하늘에서는
큰 별이 떨어지고, 집 앞엔 까치들이

모여들어 우짖었네. 역사상 가장

의롭고 열렬했던 순국의 하나였네.

주 : 천일책(千一策)-「민충정공유고」에 실려 있는 글. 천일책이란 「어리석은 사람도 천번을 생각하면 반드시 한번은 얻는 것이다」라는 중국 이언에서 연유된 말임.

四 피 묻은 유서

아! 국치와 민욕이 이에 이르렀으니 우리 민족은 장차 생존 경쟁 가운데서 진멸하리라. 대체 살기를 바라는 사람은 반드시 죽고, 죽기를 기약하는 사람은 도리어 삶을 얻나니 제공은 어찌 이것을 알지 못하는고? 영환은 한번 죽음으로 황은에 보답하고 2천만 동포 형제에게 사죄하려 하노라. 그러나 영환은 죽어도 죽지 않고 저승에서라도 제공을 기어이 도우리니 다행히 동포 형제들은 천만배 더욱 분려하여 지기를 굳게 하고 학문에 힘쓰며 한마음으로 힘을 다하여 우리의 자유독립을 회복하면 죽은 몸도 마땅히 저 세상에서 기뻐 웃으리라. 아! 조금도 실망하지 말지어다! 우리 대한제국 2천만 동포에게 이별을 고하노라!

五 학도들의 장송가

정충일레, 정충일레, 우리 민공 정충일레.
대절일레, 대절일레, 우리 민공 대절일레.

이 충성, 이 절개는 만고에도 짝이 없네.
빛이 나네, 빛이 나네, 대한 산천 빛이 나네.

기사득생 밝은 말씀 유언 중에 정녕하다.
동포들아, 동포들아, 이천만의 동포들아.

하여 보세, 하여 보세, 결심육력하여 보세.
하어 보세, 하여 보세, 사중구생하여 보세.

견지면학 깊은 훈계, 우리 학도 잊을쏜가.
학도들아, 학도들아, 대한제국 학도들아,

하여 보세, 하여 보세, 견기지기하여 보세.
하여 보세, 하여 보세, 면기학문하여 보세.   *

독립일세, 독립일세, 대한제국 독립일세.
자유로세, 자유로세, 이천만민 자유로세.

이 독립, 이 자유는 우리 민공 공이로다.
공이로다, 공이로다, 피 흘리신 공이로다.

六 고종의 곡송(哭送)

오는구나 오는구나 영환의 영구가
죽어서도 이몸을 만나러 오는구나.

이몸은 임금의 자격도 없거늘
구차히 살아서 백성이 욕됨이여.

그대의 애국충정 피 흘린 보람으로
다시 이 나라가 소생하면 좋으련만,

무력한 이몸 슬프고 한스럽다
저승에서나 다시 만남 기약하세.

七 혈죽은 살아 있다

가장 의롭고 열렬한 피는 죽을 수 없네.
나라 위해 바친 피는 죽어도 죽지 않네.

님이 남기고 간 피 묻은 옷과 칼을
마루방에 봉안한 채, 이듬해 칠월

비로소 열었더니, 보라, 기적일세.
마루 틈에서 네 줄기, 아홉가지,

마흔여덟 잎사귀의 대나무가 솟아 있네,
죽음을 뚫고, 그 캄캄한 어둠을 뚫고.

실망하지 말라는, 나는 이렇게 살아 있다는
무언의 부르짖음, 피맺힌 증거로세.

조국의 수호신, 님이 피운 혈죽은
이제 그 시간과 장소를 초월하여   *

영원히 이 나라 이 겨레 가슴속에

불멸의 희망으로 살아서 남으리라.

　　시작메모 - 이 장시 중 제 4부「피 묻은 유서」와 제 5부「학도들의 장송
　　　　가」는 물론 본인의 창작이 아님. 전자는 민충정공이 남긴
　　　　한문 유서의 우리말 번역이고, 후자는 민공의 예장(禮葬)이
　　　　나가는 길에 뒤따르던 학생들이 불렀던 노래임.

　　　　　　　　　　　　　　　　-「詩와 意識」가을호 1984

그것은 차라리 찬란한 시대였다

구한말 풍운 백 년의 자료 전시실의
인파를 헤치면서, 대충 돌아보다 정신이 번쩍 났다.
의병대장 崔益鉉의 목소리가 쇠망치처럼
내 뒤통수를 후려쳤기 때문이다.

대마도에 유배된 그가 마지막으로 내뱉은 말,
「내 늙은 몸으로 어이 원수의 밥을 먹고
더 살겠느냐. 너희나 살아 돌아가거든
나라를 구하라」지금도 뼈에 쩌렁쩌렁 울려 오네.

또 영원한 구국의 수호신, 우리 安重根의 늠름한 모습,
눈물의 홍수 없이, 어찌 그 드높은 기개를 우러르리.
자랑스러워라, 구한말 풍운사여.

나라가 기울어 암흑의 밤이 되니
뭇 별들이, 주먹만한 크기로 찬란히 빛났도다.
해와 달도 그처럼 뜨겁고 뼈아프게 빛나지는 못했거니.

-「詩와 意識」가을호 1984

내 고향 연천

집 앞엔 졸졸 실개천이 흘렀고
돌다리 건너 미나리밭을 돌아
설다뽕에 이르면 우물이 있었다오.
「앞니 빠진 갈강새 우물 앞에 가지마라
붕어새끼 놀란다」 그 우물 가에서
불렀던 노래, 지금은 어디를 떠돌고 있을까.
술여울에 있는 초등학교 일학년 때,
나는 그만 출생지, 읍내리를 떠났다오.
그래도 방학이면 고향에 내려가서
오디도 따먹고, 가재도 구워먹고,
북녘 야산의 효자문도 잘 있는지
문안을 드렸건만, 삼팔선과 육·이오,
거듭되는 난리통에 고향은 타버렸소.
옥토는 쑥밭으로, 집은 잿더미로.

그러나 지금은 다행히 수복되어
붉은 이리떼의 이빨에 씹히는
아픔은 면했으니, 되살아날 수밖에.
쑥밭은 옥토로, 잿더미는 새 마을로.

보라, 저 황금빛 물결치는 벼이삭을,
또 그처럼 무르익어 겸허하고
순박한 인심을. 산 좋고 물 좋은 데
연천뿐이랴만, 스스로의 불탄 잿더미에서
소생한 연천, 불사조처럼 날개친 연천,
내 고향 연천은 특별히 어여뻐라.
내 고향 연천은 눈물나게 어여뻐라.

-「농민신문」1984. 10. 6

지금은 겨울, 깊이 안으로 침잠할 때

지금은 겨울
깊이 안으로 침잠할 때,
가진 것 하나 없이
알몸으로 동천(冬天)을 견디는
저 나목의 침묵을 배울 때.

눈을 뜨기 위해
눈감아야 할 때,
진리의 소리를 듣기 위해
제3의 귀를 열어야 할 때,
묵묵히 내실을 다져야 할 때.

그대의 내면공간(內面空間)에서
고금의 천재들이 뿜는 가지가지
광망의 빛깔들을 헤아려 보라.
밤하늘 별빛이야 문제도 안 되지.
지상의 꽃들로도 어림도 없고말고.

그 아름다움을 찬미해 볼 일이다.

하긴 그것만으로도 시간이 부족하리.
결국 그대는 그대의 길을 가야,
언젠가는 그대의 가슴속에
그대의 여의주를 찾아야 할 것이다.

세상에 태어나서 누가 더 많이
배우고, 생각하고, 깨닫고 가느냐?
결국 그 차이다. 늘 끊임없이
스스로 노력해야 앞길이 열리는 법.
미래를 투시할 지혜가 생기는 법.

젊은이는 미래의 주인공인 것이다.
하지만 속 빈 젊은이에겐
결코 미래가 주어지지 않는다.
속 빈 젊은이는 시간의 부평초,
자유로워지려거든 애써 탐구하라.

-「高大新聞」1985. 1. 1

해설

시대와 함께한 대자유인의 거대한 진폭
— 사회 참여에서 상상력의 극한까지

조 환 수

1

위대한 예술가를 바라보는 세상 사람들의 눈은 대개 그의 크기를 담아내기에는 턱없이 왜소하거나 부정확하다. 동시대인들의 눈은 특히 더 그렇다. 요한 세바스찬 바흐의 위대성이 제대로 평가되기까지 꽤나 긴 세월이 필요했음은 주지의 사실이고, 베토벤 사후 오늘날까지 무수히 쏟아져 나온 전기 가운데 이 위대한 예술가의 전모를 제대로 전해 주는 책은 사실상 없다 해도 과언이 아니다. 사람들은 난쟁이의 눈으로 거인을 바라보며 장님 코끼리 더듬듯 자신의 천박한 안목으로 이해한 거인의 '부분'을 그의 '전부'로 착각한다. 좀더 안된 경우지만, 거인을 알아볼 능력이 애초부터 없던 난쟁이들은 자기들 주변에서 눈에

띄는 조금 나은 난쟁이 하나를 위대한 존재인 양 추켜세우기도 한다. 많은 난쟁이들한테서 갈채 받는 난쟁이는 자신이 난쟁이인 줄도 모른 채 우쭐대고, 거인은 난쟁이들의 몰이해 속에 난쟁이 나라의 아웃사이더로서 고독에 묻힌다. 악화가 양화를 몰아낸다는 저잣거리의 전도된 질서가 예술과 지성의 세계도 지배한다. 이래저래 거인의 고독은 운명적인가 보다. (라이너 마리아 릴케나 폴 고갱처럼 위대한 예술가가 자기가 좋아 선택하는 내면 지향의 고독도 운명적이요, 난쟁이 나라에서 거인이 겪게 되는 사회적 고독도 운명적이다!)

한국 현대 문학사에서 거인의 운명적 고독을 '가장 치열하게 누리며' 살아간, 또는 살아가고 있는 존재를 꼽는다면 박희진 선생이 단연 일등일 것이다. '괴테에 필적할 만한 대시인'이라고 선생을 평가한 괴테 연구의 권위자 최두환 교수처럼 거인의 진면목을 통찰한 혜안의 소유자도 상당수 있기는 하지만, 한국 문단은 대체로 이 위대한 예술가를 제대로 보지 못하였다. 세상의 많은 시를 순수시와 참여시로 나누는 유치한 이분법 논리에 따라 선생을 '참여'를 외면하는 '순수시인' 쯤으로 부르는 것으로 평자의 의무를 다한 것이라 자위하는 분위기가 있었는가 하면, 선생의 시가 보여 온 진폭의 본질을 전혀 가늠하지 못한 채 시인의 일관성 내지 정체성을 의심하는 분위기도 만만치 않았다. 때로는 선생의 시가 도달한 사상과 이념의 까마득한 높이 앞에서 자신의 얄팍한 지성이 드러날까 두려워한 나머지 진저리를 치며 꼬리를 빼기도 하였다. 난공불락의 성을 앞에 두고 잔뜩 겁을 먹은 채 머뭇거리다가 물러나는 졸장처럼. 한국 현대 시문학사의 정점에 올라 있음에 틀림없는 선생의 장시 '빛과 어둠의 사이'가 한국 평단에서 철저히 외면당해 왔다는 사실은 동시대의 비평가들 혹은 시인 동업자들이 선생 앞에서 그리고 선생의 시 앞에서 얼마나 겁을 집어먹고 있었는가를, 선생이 이 땅에서 얼마나 거칠게 이해되어 왔는가를 단적으로 보여준다.

선생이 난쟁이들의 몰이해 속에 고독해질 수밖에 없었던 데는 선생 자신의 '귀책 사유'가 크게 작용하였다. 선생이 펼쳐낸 시의 세계가 뭇 사람들의 이해를 허용하기에는 지나칠 정도로 넓고 깊었던 것이다. 꽃과 예술을 찬미하던 시인이 시대와 역사를 운위하고, 불교 진리를 선시풍의 언어로 설파하다가는 어느새 그리스도교 성자를 찬양하고, 사랑과 애욕의 시를 빚어내던 손으로 민요풍의 풍자시를 휘갈기고, 한국 사찰의 오묘한 멋을 읊는가 하면 흥미진진한 세계 기행시를 써 내고, 초현실주의를 주무르다가는 어느새 유유히 공맹(孔孟)·노장(老莊)과 노닐고, 어두운 현실과 피곤한 일상에 장탄식하던 입으로 내면의 고독과 절대적 진리를 노래하고, 풍류도에 몸을 맡기고… 이처럼 선생은 한국의 어떤 시인도 따르지 못할 경이로운 시의 진폭을 보여 왔다. 더욱이 선생이 시도한 시의 형식도 다양하기 그지없으니, 일행시·사행시·십사행시·장시 등 온갖 시 형식을 자유자재로 소화하였으며, 서정시와 서사시의 경계도 자유로이 넘나들었다. 그리고 운문의 함축성과 산문의 서술성을 보통의 미학 기준에 구애됨 없이 멋대로 구사하여 시의 표현을 최대한 다채롭게 하였다. 이와 같이 거대하게 확장되는 내용상·형식상의 스케일은 지적 경험이 빈곤한 난쟁이 나라 인민들을 질리게 하기에 충분하였을 것이다. 하지만 선생의 시 세계를 사심 없이 찬찬히 살펴보면, 그가 삼라만상의 다양한 실상들을 마음껏 노래하되 모든 것을 대긍정의 눈으로 바라보면서 그 안을 관류하는 '다즉일(多卽一)'과 '원융무애(圓融無碍)'의 묘체를 추구하는 데 평생 일관하여 왔음을 발견할 수 있다. 또 한편으로는 천지자연과 초차원의 신명 세계를 향해 마음을 열고 인간의 영성 진화 가능성을 찾아 수도자처럼 용맹정진하고 있는 향기로운 사람을 만날 수 있다. 세상의 난쟁이들에게 이렇게 역설로서 드러나는 다양성 속의 일관성을, 그 위대한 정신의 진폭을 이해해 달라고 요구하는 것 자체가 본래부터 무리였는지도 모른다.

2004년 9월에 나온 『초기 시집』에 이어 '박희진 전집' 제2권으로 출간되는 이 『중기 시집』에서는 선생 시의 진폭이 『초기 시집』에서보다 한층 더 확장되고 있음을 확인할 수 있다. 그 확장이 어느 정도인가를 좀더 분명히 깨닫기 위해 먼저 『초기 시집』을 일별해 보기로 하는데, 우리는 이 '전집' 첫 권만 해도 선생 특유의 '다양성'과 '거대한 정신의 진폭'을 충분히 보여 주고 있음을 발견하게 된다.

2

『초기 시집』은 '실내악'〈1960〉, '청동시대'〈1965〉, '미소하는 침묵'〈1970〉, '빛과 어둠의 사이'〈1976〉 등 선생의 초기 시집 4권에 수록된 작품들을 고스란히 담고 있어, 책이 나올 때마다 비교를 불허하는 예술성으로 한국 문단에 더없는 충격을 가했던 시인의 눈부신 전반기를 가감 없이 보여준다. (분량으로 치면 '초기 시'라 하겠으나, 시기상으로는 10대 후반부터 46세까지 쓴 작품들이므로 '전반기 시'라 하는 게 더 자연스럽다.)

『초기 시집』이라는 표제에도 불구하고, 이 시집을 말할 때 '초기'니 '전반기'니 하는, 시기를 전제로 한 규정은 무의미하다. 인류 문화사를 통해 세기별로 한 문화권에서 가장 높이 평가될 만한 위대한 시인들이 평생에 걸쳐서야 성취할 수 있었던 모든 것을 선생은 이미 자신의 『초기』에 다 이룩해 놓았기 때문이다. 그런 의미에서, '이 시집이 그 일생의 정점이 되는 한이 있더라도 이것은 이것대로 한 권의 시집으로 그의 청춘을 부끄럽지 않게 쓰다듬어 줄 것'〈조지훈〉, '수풀에서 거미가 은실을 뽑아내듯이 그의 핏속에 깃들여 있는 말을 캐내어 황홀한 얘기를 짜냈던 것'〈신석초〉, '오랜 생명을 지닐 수 있는 세계의 적파(嫡派)의 시심'〈박종화〉… 등등, 30세 때 펴낸 선생의 첫 시집 '실내악'을 두고 당대 한국 문단 최고의 어른들이 쏟아냈던 수

많은 찬사들조차 이후 '청동시대', '미소하는 침묵', '빛과 어둠의 사이'로 이어지는 그의 경악할 만한 『초기』를 아우르기에는 턱없이 부족하다. (다만, 대가다운 안목으로 후속 시집들의 영광을 어렴풋이 예감하고 있었을 뿐.) 이 『초기 시집』은, 그 한 권만으로도, '완성'을 향하여 치열한 행보를 재촉해 온 시인의 찬란한 영혼의 구조를 한눈에 알아볼 수 있게 한다. 첫 시집 '실내악'에서 보이던 인간과 세계의 본질을 향한 정신의 수렴이 제2시집 '청동시대'에서는 다양한 삶의 실상들을 있는 그대로 긍정하는 자유정신으로 확산하고, 이것이 다시 제3시집 '미소하는 침묵'에서 영성을 향한 구도자적 집중으로 수렴하다가, 궁극에는 선과 악, 희망과 절망, 사랑과 증오, 정신과 육체, 영성과 비속성, 빛과 어둠 등 존재의 양극이 원융무애의 접점으로 녹아들어 하나를 이루면서, 수렴하는 정신과 확산하는 정신의 구분이 무의미해지는 제4시집 '빛과 어둠의 사이'의 초월에 이르기까지 시인은 끊임없이 자신의 내부에서 영감과 의지로 뜨겁게 달군 영혼의 핵(核)들을 빛나는 언어로 도해 내었으니, 선생은 40대 중반 즉 자신의 『초기』에 이미 한국 현대시사에서 그 누구도 도달한 바 없는 까마득한 높이까지 비상하였던 것이다.

 1. 실내악 : 주로 한국 전쟁 기간에서 전후 5년까지 쓴 작품 43편을 담고 있다. 이 시편들에서는 초록빛 꿈으로 빛나야 할 스무 살 나이에 전쟁이라는 실존 위기와 맞닥뜨린 한 젊은이가

그 숨막히는 불안과 공포, 배고픔과 굴욕, 죽음과 절망의 한계 상황을 비범한 초극 의지로 극복하려 노력한 끝에 도달한 드높은 정신 세계가 펼쳐진다. 젊은 시인은 무수한 삶과 죽음의 갈림길에서 표피적·현상적·순간적 가치에 매몰되길 강요하는, 그리고 거의 모든 사람들이 그 강요에 굴복하고 마는 암흑 시대를 헤쳐 가면서도 시대 현실에 즉각 감정을 드러내 반응하기보다는 인간과 세계의 본질에 좀더 가까이 가고자 하는 놀랍고도 특이한 중심 지향성을 견지한다. '본질' 보다 '실존' 이 앞서는 한계 상황 속에서 고집스럽게 '실존' 보다는 '본질' 에 매달린 셈이다. 동시대를 살았던 동서양의 무수한 지성인들 가운데서 선생과 같은 '고결한 반골'을 찾기란 그리 쉬운 일이 아니다. 선생은 어지러운 시대의 심부에서 삶의 고요한 중심을 탐색했고, 그 결과 진흙탕에서 연꽃이 피어나듯 40여 편의 찬란한 시가 태어났다.

2. 청동시대 : '실내악'에서 보이던 영혼의 철저한 자기 수렴과 순일무잡성(純一無雜性)이 일대 교향악과 같은 자기확산으로 바뀌고 있다. 박탈당했던 청춘에 대한 대리만족의 외침이랄까 억눌렸던 욕구의 분출이랄까, 사랑·예술·고전·대시인을 향한 찬미, 관념과 미학의 세계 탐구, 시대·사회를 향한 비판, 새로운 역사에 대한 예언과 비전 제시 등등, 갖가지 방식으로 삶의 다양한 실상을 커다란 시 정신의 용광로 안에 녹이고 있다. 이제 청춘기의 순결주의·결벽주의에서 벗어나 어떠한 현

상 세계도 배제하지 않는 대긍정의 인식 단계에 올라선 시인은 시를 통해 다채롭고 풍요로운 생명력을 있는 그대로 드러내고자 한다. 그리하여 빛과 어둠, 영원과 시간, 희망과 절망, 영혼과 육체의 그 엄청난 양극 사이를 메우고 있는 것이 바로 인간 생명의 실상임을 증언한다. 선생의 30대 전반기는 이렇게 거대한 지평으로 확산하는 정신의 진폭 안에서 넉넉한 품으로 엮어진다.

3. 미소하는 침묵 : 이 무렵 선생은 소란하고 공허한 시대, 물질주의와 동물성으로 가득 찬 정신 부재의 시대를 살아가는 현대인에게 가장 결핍되어 있는 것, 즉 가장 필요한 것은 영성이라고 결론짓는다. '청동시대'의 청춘 방일에서 다시 자신을 한 곳으로 수렴시킬 필요성을 진작부터 느끼고 있던 선생은 이 시기에 이르러 성자 이미지를 모색하는 데 집중한다. 성자들이야말로 영성 자각에 투철한 정신의 수호자들로서 선생에게는 더 없는 찬미 대상이었으리라. 선생은 극소수에 불과하나 미소하며 침묵하는 그들이 있어 이 험악한 세상이 괴멸을 면한다고 믿으며, 가장 참되고 아름다운 인간상인 동시에 공허한 시대의 아쉬움을 채워 주는 존재로서 고금의 성자·각자들을 탐구한다. 이는 인간에 대한 선생의 지극한 관심의 표명이자 참인간을 향한 갈망의 표현이었다.

4. 빛과 어둠의 사이 : 선생은 첫 시집 '실내악' 시절에는 제2시집 '청동시대'의 정신 세계를 예견케 했고, '청동시대' 시

절에는 제3시집 '미소하는 침묵'을 예견케 했다. 세 시집이 수렴과 확산이 교차하는 삶 본래의 리듬을 타고 있었기 때문이다. 그런데 이 질서가 '미소하는 침묵'과 '빛과 어둠의 사이'의 관계에서 깨지게 된다. 제4시집 '빛과 어둠의 사이'에서는 수렴과 확산의 차원을 넘어 인간 삶의 온갖 극단들이 하나로 융해되기에 이른다. '청동시대'에서 외부 세계를 향해 뻗어 나가던 시선이 '미소하는 침묵'을 지나 이 시기에 이르러서는 마침내 투철한 내면 응시로 귀결하면서, 미의 사제요 영성의 순례자로서 반평생을 살아 온 시인의 정신사가 정리된다. 특히 이 시집의 표제시이기도 한 장시 '빛과 어둠의 사이'에서는 온갖 삶의 상극 요소들이 궁극에는 하나가 되는 절대모순적 자기동일성의 진리가 한 편의 드라마처럼 생동감 있게 제시되는데, 깨달음의 정점에서 시인은 이렇게 읊는다. — '눈물이여, 눈물이여, 은총의 이슬이여 / 법열의 구슬이여, 신비의 극치여 // 너야말로 육체와 / 영혼의 합일을 증명하는 명백한 존재 // …(중략)… // 너로 해서 천국과 지옥도 결혼하고 / 삼세의 업장이 일시에 소멸한다 // 눈물이여, 눈물이여, 은총의 이슬이여 / 법열의 구슬이여, 신비의 극치여'.

　이처럼 선생의 『초기 시집』은 30여 년에 걸친 위대한 영혼의 방대한 정신사를 담고 있다. 이것이 완성되기까지 언어 예술가로서 선생이 시도한 실험과 모색은 다양하기 이를 데 없다. 하지만 여기 실린 200여 편의 작품들은 모두 뚜렷한 일관성으로 연결된다. ― 생(生)에 대한 외경과 찬미! 선생은 인(人) · 사(事) · 물(物) 모든 현상에 두루 관심을 가졌지만, 이 『초기』의 첫째 관심사는 인간 생명과 인간성의 문제였다. 선생은 이렇게 자신의 『초기』부터 '다양성' 속에 '일관성'을, '일관성' 속에 '다양성'을 구축하여 왔다.

3

『중기 시집』은 선생의 다섯째 시집인 '서울의 하늘 아래' 〈1979 · 문학예술사〉부터 '가슴속의 시냇물' 〈1982 · 홍성사〉, '아이오와에서 꿈에' 〈1985 · 오상사〉, '라일락 속의 연인들' 〈1985 · 정음사〉을 거쳐 '시인아 너는 선지자 되라' 〈1985 · 민족문화사〉에 이르기까지 선생의 40대 말에서 50대 중반에 걸쳐 출간된 5권의 시집을 한데 묶은 책으로서 '박희진 전집' 제2권에 해당한다. 맨 앞에 오는 '서울의 하늘 아래'가 1965년에서 1969년 사이에 쓴 민요시로 이루어져 있고 '아이오와에서 꿈에'가 1975년에서 1985년 사이에 쓴 기행시 위주로 되어 있으며 '시인아 너는 선지자 되라'가 1960년에서 1985년 사이에 발표한 기념시 · 행사시들을 주로 싣고 있어(일부 초기 시들까지 싣고 있는 '가슴속의 시냇물'과 '라일락 속의 연인들'은 논외로 하더라도), 각 시집 출간 연대와는 별개로 『중기 시집』은 선생의 30대 중반부터 50대 중반까지 20여 년에 이르는 긴 시간을 담아내고 있다 말할 수 있다. 이는 여기 실린 작품들 가운데 상당수가 '박희진 전집' 제1권 『초기 시집』에 들어 있는 '미소하는 침묵'⟨1970⟩ 및 '빛과 어둠의 사이'⟨1976⟩의 시편들과 창작 시기가 겹침을 의미한다. 영성 자각 그리고 성자 이미지 탐색의 결과로 빚어낸 내면 지향의 구도 시집 '미소하는 침묵'과 세태 풍자로 가득한 민요 시집 '서울의 하늘 아래'의 공존이라! 종교적·미학적 깨달음의 시편들을 담고 있는 '빛과 어둠의 사이'와 현실 문제에 목소리를 높이는 시편들 '시인아 너는 선지자 되라'의 동시 창작이라! 바로 선생의 작품 세계가 얼마나 큰 진폭으로 펼쳐져 왔는지 짐작케 하는 대목이다.

  1. 특히 1979년 12월 30일을 초판 발행일로 하고 있는 민요 시집 '서울의 하늘 아래'는 『초기 시집』을 통해 구축된 선생의 이미지를 버리지 않고서는 이해하기 어려운 작품집이다. 형식 면의 파격은 차치하고 '구도', '집중', '극기', '영성', '영감', '미적 자각' 등 선생을 '시인 박희진' 답게 만들어 온 관념들의 외피를 걷어내지 않고서는 선뜻 "이 시들도 박희진의 작품이다."라고 인정하는 게 쉽지 않을 만큼 이전에 보여 온 작품들과 판이하기 때문이다. 12·12 쿠데타로 정권을 장악한 신군부의 서슬 퍼런 검열에 표제시인 '서울의 하늘 아래'를 포함한 6편의 시가 시집에서 삭제되는 황당한 경우를 당한 데서도 짐작할 수 있듯이(시집 '서울의 하늘 아래'에는 정작 이 시집에 이름을 붙여 준 시 '서울의 하늘 아래'가 들어 있지 않다!), 여기 실린

작품들은 대개 내용 면에서 '참여적'이다. 짐작건대 검열에 걸린 이유는 '서울의 하늘아래 / 썩지않은 사람없다'〈서울의 하늘아래〉, '가는해 치사해라 / 더러운 위정자들 / 권세에 눈뒤집혀 / 간덩이 부었거니 / 도의는 땅바닥에 / 떨어져 안보이네'〈망년가〉, '일 일자리 찾아 / 이 이리저리 다녔으나 헛수고여서 / 삼 삼청공원 벤치에 늘어졌네 / 사 사흘을 굶었으니 / 오 오장이 쓰릴밖에 / 육 육실할 놈의 세상 탓이겠나 / 칠 칠칠하지 못한 이 몸의 탓이겠나'〈어느 실업자의 수요(數謠)〉와 같은 구절들이 있어서였을 것으로 보이는데(비록 이런 구절들이 신군부를 겨냥한 것이 아니라 전시대의 사회상을 풍자한 것이기는 해도), 아무튼 이 시기의 민요시들은 기존의 '박희진'과는 분명 다른 목소리를 내고 있었다. 현실은 외면한 채 이슬 먹고 구름똥 누는 '순수시인' 또는 종교적 깨달음을 좇아 세속에 초연한 듯 포즈를 취하는 '구도시인' 쯤으로 평가하며 선생을 경원하거나 질시하던 세상 사람들에게 이보다 더 충격적인 펀치는 없었으리라. 이제 사람들은 선생을 '민중시인' 또는 '풍자시인'으로 부르게 될 판이었다. ― '우리는 잡초라오 / 한반도 반만년을 / 초록빛 일색으로 / 수놓은 질긴목숨 / 지금도 살아있소 / 죽을날 앞으로도 / 영원히 없으리다 / 얼씨구 좋을씨구 // 잡초라 우리에겐 / 이름이 없지마는 / 이름난 기화요초 / 뽑혀가 병에꽂혀 / 한숨만 내쉬다가 / 시들게 마련이오 / 우리야 한평생을 / 들에서 좋을씨구 // 우리는 서로닮아 / 너와나 차별없네 / 뻐기어 분수

없이 / 잘난체 할필요도 / 못난체 수그리고 / 쥐구멍 찾을일도 / 없으니 자유평등 / 지화자 좋을씨구 // 잡초는 잡초끼리 / 떼지어 의지하여 / 비오나 바람부나 / 멋대로 살아가는 / 그것이 우리신세 / 어떤적 어떤힘도 / 치열한 우리목숨 / 앗아갈 수는없소 // …(중략)… / 기록된 역사만이 / 역사는 아닌것을 / 아는이 있다면은 / 우리를 알아줄까 / 유명을 떠받치는 / 무명의 핏줄기를 / 안뵈는 억조창생 / 목숨의 뒤안길을 // 살아라 살자꾸나 / 우리는 안슬프다 / 잡초는 방방곡곡 / 없는데 없으니까 / 우리가 끼리끼리 / 손잡고 일어나면 / 조국의 통일이야 / 눈깜짝 할새이리 // 잡초라 우리에겐 / 이름이 없지마는 / 그래서 우리에겐 / 무서운 것이없다 / 죽어도 살아나고 / 살아서 더욱사는 / 잡초라 좋을씨구 / 더덩실 좋을씨구'〈'잡초의 노래' 1·2·3·4·9·10·11〉. '60~'80년대를 참여문학·민중문학의 황금기라 한다지만, 민중문학론자들이 열광하는 시인들 가운데 그 누가 이보다 더 강도 높고 완성도 높은 '민중시'를 쓴 적이 있던가? 바로 이것이 '순수시인 박희진'의 또 다른 본질이요, '시인 박희진'의 스케일이다.

　물론 시집 '서울의 하늘 아래'가 보여주는 '시인 박희진'의 스케일 안에는 '민중시', '풍자시'만 포함되는 게 아니다. 여기에는 재치 넘치는 익살이 있고 서민들의 따뜻한 사랑과 인정이 있다. '홍제동 화장터 / 대합실에 가봤더니 / 이런낙서 있더라 / 우리낭군 어이할꼬 / O에는 추려갈 / 뼈도 없으니 / 어이할꼬 어이할꼬'〈'홍제동 화장터' 전문〉에서 드러나는 시인의 익살에 가가대소하다가 몇 장을 넘겨 '미스터 싱글벙글'을 발견하고는 우리도 저절로 싱글벙글하게 된다. '아내가 있어/ 말은 안 해도 그가 부르는 뜻 / 눈으로 알아듣는 / 어여쁜 아내가 / 추운 겨울에도 셔츠바람으로 / 견딜망정 / 아내에겐 외투를 / 사주는 싱글벙글 // 자식이 있어 / 말은 안 해도 그가 아끼는 뜻 / 핏줄로 알아듣는 / 귀여운 자식이 / 해짧은 겨울이라 한두 끼쯤 / 굶더라도 / 자식에겐 과자를 / 사주는 싱글벙글'〈'미스터 싱글벙글' 전문〉. 그리고 몇 장 뒤에서는 찡하는 감동으로 고개를 끄덕이게 하는 노부부를 만나게 된다. '칠칠한 검은머리 / 파뿌리 되도록 / 사랑하고 사랑해낸 / 부부의 아름다움 // 지아비는 이 빠지고 / 중풍에 걸렸건만 / 지어미는 귀가멀어 / 말도잘 못듣건만 // 지아비 시중은 / 지금도 지어미가 / 지어미 걱정은 / 지금도 지아비가 // 백번을 거듭난들 / 부부될 인연따라 / 사랑하고 사랑해낼 / 부부의 아름다움'〈'부부 사랑' 전문〉. 이런 노부부의 기억 속에는 어쩌면 청춘기의 아름다운 사랑 놀음이 들어 있을는지도 모른다. '사랑은 숨바꼭질 / 총각 나타났다 / 처녀야 숨어라 / 그러나 머리칼이 / 약간은 보이도록 // 사랑은 숨바꼭질 / 처녀 나타났다 / 총각아 숨어라 / 그러나 기침한번 / 하는건 잊지말게'〈'사랑은 숨바꼭질' 전문〉.

2. 선생의 한 쪽 면만 보아 오던 사람들을 다시 한 번 당혹스럽게 하는 '사건'이 터졌다. '서울의 하늘 아래'가 나온 지 3년

째 되던 1982년에 '사행시백삼심사편'과 '가슴속의 시냇물'이 다섯 달 간격으로 간행된 것이다. ('사행시백삼심사편'은 나중에 '사행시삼백수'〈1991〉, '사행시사백수'〈2002〉로 계속 확대 개편되는 시집으로서, 이번 『중기 시집』에서는 제외되었음.) '순수시인'인지 '구도시인'인지 아니면 '민중시인'인지 '풍자시인'인지, 맹인무상 격으로 선생의 단편만 더듬으며 어리벙벙한 상태에 있던 사람들은 '사행시인 박희진'을 만나면서 한 번 더 어리둥절해졌다가, 다양한 시의 형식과 표현 양식을 실험하고 있는 '가슴속의 시냇물'에 이르러서는 아예 손을 들어 버릴 지경이 되고 만다. 선생의 원대한 예술 지평과 그 넓은 세계를 하나로 빨아들이는 일관성의 블랙홀을 제대로 보기에는 너무도 협소한 안목을 지닌 사람들에게 그것은 말 그대로 '오리무중'이었다. 사람들에게 한 시집 안에서 14행시, 1행시와 함께 제시되는 다음과 같은 절창이 지닌 미학적 본질과 깨달음의 깊이가 눈에 띌 리 만무했음은 짐작하기 어렵지 않다. — '밥을 먹는 손, 항문을 닦는 손, / 염주를 더듬는 손, / 자궁 속 태아를 긁어내는 갈고랑이 손, / 촛불을 켜는 손, 어둠을 쫓는 손, / 잔뜩 성난 남근을 움켜쥔 손, / …(중략)… / 달의 처녀막을 찢은 우주인의 손, / 불의 손, 얼음의 손, / 찬미의 손, 박수갈채의 손, / …(중략)… / 무시무종의 손, 보이지 않는 손, / 시공이 끊어진 자리에 있기에, / 궁극의 부처님 손, 그 위에 삼천대천 / 세계가 놓인, 흰 연꽃의 손, / 무량광명의 손,'〈'손' 중에서〉. 150여 쪽에

불과한 제6시집 '가슴속의 시냇물'은 한마디로 '다양성의 증폭' 그 자체였고 '충격'이었다. 다음 작품 역시 '손'의 충격을 고스란히 이어받게 하는 예가 된다. — '진흙의 혀, 모래알 혀, / 건초의 혀, 불길을 뿜는 혀, / 석유의 혀, 가위로 잘린 혀, / 혀를 먹는 혀, 기름에 튀긴 혀, / 달팽이의 혀, 독사의 혀, / 길게 늘어뜨린 오뉴월 개의 혀, / 그녀의 음모를 핥고 있는 고양이 혀, / 흑인의 혀, 백인의 혀. / 꿀물이 듣는 혀, 아이스크림의 혀, / …(중략)… / 찰거머리 혀, 해골을 빠는 혀, / 생의 뿌리를 발기케 하는 혀, / 곰팡이의 혀, 반쯤 썩은 혀, / 구멍 뚫린 혀, 유황내 나는 혀, / 털이 난 혀, 끈적끈적한 정액이 묻은, / 솜사탕 혀, 물거품 혀, / …(중략)… / 구름의 혀, 영아의 혀, / 시인의 혀, 찬미의 혀, / 장미의 혀, 연꽃의 혀, / 빛을 뿜는 혀, 보살의 혀, / 본래면목의 혀, 이슬의 혀, / …(후략)… '〈'혀' 중에서〉.

깨달음으로 가는 여정의 가장 큰 장애물은 분별심이라는 불가의 가르침이 아니더라도, 우리는 선과 악, 너와 나, 미와 추, 깨끗함과 더러움 등등 온갖 관념들을 그야말로 '무분별하게' 둘로 가르는 마음이 우리 자신을 얼마나 불리하게 하는지 잘 안다. 하느님이 아닌 이상 가름의 기준을 제대로 알지 못하는 게 분명할진대 가능한 한 엉뚱한 분별은 삼가야지 하고 다짐하면서도, 우리는 스스로 설정한 기준에 따라 세상을 바라보는 어리석은 짓을 되풀이한다. 분별심에 찌든 눈의 가장 큰 약점은 대상을 있는 그대로 보지 못한다는 것이다. 자기를 겨누는 시퍼런

칼날을 보고도 방긋방긋 웃을 수 있는 어린 아이와 같은 눈이야 말로 세상을 가장 바르게 보는 눈일지 모른다. '시인 박희진'은 바로 이런 어린 아이의 맑은 눈으로 세상을 본다. 자신의 눈에서 분별하는 무명(無明)의 딱지를 떼어 버리고 인·사·물을 있는 그대로 보는 것이다. 따라서 그의 눈은 도처에서 사람들이 보지 못하는 대상의 진면목을 발견한다. 불구부정(不垢不淨), 무시무종(無始無終)의 진면목을. 이는 분명 한 차원 진화한 인식 능력이라 할 수 있는데(어린 아이처럼 되는 것이 바로 인간 인식의 진화다!), 위의 작품 '손'과 '혀'에서는 진화한 눈이 아니고는 볼 수 없는 대상의 다양한 본질을 발라내고 있다. 항문을 닦는 손, 은밀한 곳에서 본능을 방출하는 데 열심이던 손이 부처님의 손, 흰 연꽃의 손과 상통하고, 끈적끈적 정액이 묻은 혀가 시인의 혀, 장미의 혀, 보살의 혀와 하나일 수 있다는 깨달음은 바로 대상의 진면목을 있는 그대로 보는 눈이 없이는 도달할 수 없는 경지다. ― 이와 같이 '서울의 하늘 아래'와는 구별되는 고급의 인식과 성찰의 결과가 '가슴속의 시냇물'을 가득 수놓고 있다.

3. 다양성의 준거로 볼 때 『중기 시집』 가운데서 가장 독특한 시집을 꼽는다면 '아이오와에서 꿈에'를 드는 것이 합당하다. 1982년에서 1985년 사이에 쓴 23편의 '근작 시편'들이 제1부를, 1984년의 '인도 시편'과 1975~1976년의 '한 방울의 만남'이 제2부, 제3부를 이루고 있는 이 시집은 일반 서정시와 기행

시가 함께 묶인 구조를 보이고 있는데, 제2부와 제3부에 해당하는 기행시 40편은 이후 '박희진 세계기행시집'〈2001〉에 재수록되는 관계로 『중기 시집』에서는 제외되었다. 하지만 여기 수록된 '근작 시편' 23편의 제목만 일별해도 이 시집의 독특한 다양성을 읽어 내기에 충분하다. 〈자화상〉, 〈플라스틱 시대〉, 〈똥 이야기〉, 〈안시(顔施)〉, 〈적빈도인송(赤貧道人頌)〉, 〈어느 고결한 독신자의 죽음〉, 〈청자상감모란운학문 베개〉, 〈청자음각화훼문 탁잔〉, 〈백자 큰 항아리〉, 〈흙·물·불·바람〉, 〈모럴〉, 〈로마의 포르노 극장〉, 〈간디 인도 수상 피격 절명〉, 〈초겨울 잡목 숲〉, 〈즉흥적 각서〉…. 물론 이처럼 다양하게 전개되는 시들이 결국에는 초기부터 꿰뚫리는 선생의 일관성으로 수렴됨은 두말할 나위 없다. 특히 다음과 같은 작품들에서는 초기부터 선생 시의 아우라를 형성해 온 '박희진식 격조'가 그대로 묻어난다. — '오십을 넘기자 그는 차츰 일체의 색정을 여의었다. / 꿈속에서도 푸른 가을 하늘, 낙엽이 휘날리고 / 새들이 우짖었다. 콧구멍으로 들어간 구름이 / 항문으로 빠질 무렵에야 잠에서 깨어났다. // 그가 늙어도 늙지 않았던 건 늘 마음이 / 가난했기 때문이다. 그는 다만 소녀들을 좋아했다 / 별들을 바라보듯, 꽃들을 사랑하듯. 그런데 어느 날, / 집에 돌아와서 자리에 눕자 그는 숨졌다. // 그의 데스마스크, 죽음의 냄새라곤 조금도 안 났다. / 이마의 주름살에선 졸졸 시냇물 소리가 들리고, / 흙내 나는 자줏빛 입술 언저리엔 나비가 날았다. // 바위보다도 굳게 닫힌 눈꺼풀 속에서도/ 그의 두 눈은 여전히 푸른 하늘, 반투명의 / 나뭇잎들이 짜내는 무늬들을 응시하고 있는 것이었다.'〈'어느 고결한 독신자의 죽음' 전문〉. — '항아리처럼 속을 비워야, / 삶의 모든 찌꺼기를 말끔히 소화해야, // 항아리처럼 시공을 벗어나야, / 심신을 더불어 탈락시켜야, // 항아리처럼 / 적멸위락해야, // 항아리처럼/ 어둠 속에서도 빛을 뿜어야, // 항아리처럼 / 공중에 둥실 떠야, // 그대는 비로소 / 맑은 눈과 바른 호흡으로 되돌아가리. // 유무가 상통하는 / 진공묘유 되리. // 항아리와 하나 되어 / 그대의 안에서도 // 마침내 우주의 근원적 파동이자 / 창조의 울림인// 오옴, 오옴… / 소리가 나리.' 〈'백자 큰 항아리' 중에서〉. 이들 시편들에서는 30여 년 시차에도 불구하고 등단 초기의 '허(虛)', '항아리', '금관', '묘지', '잠을 기리는 노래' 들로부터 그려 온 명상과 관조의 동심원을 읽어 낼 수 있다. 대상을 보는 안목이 훨씬 더 깊어지고 무르익었음은 두말할 필요도 없지만.

  4-1. '라일락 속의 연인들'은 선생의 이름에다 '연애시인'이라는 또 하나의 형용어를 달게 하였다. 이 시집은, 엄밀하게 말해, 단독 신간 시집보다는 시선집에 가깝다. 열여덟 살 소년기부터 출간 당시까지 40년 가까이 써 온 사랑을 주제로 한 시들을 모은 책이기 때문이다. (17편의 미수록 시편들을 제외한 약 4분의 3이 재수록된 시들임.) 그러면 이미 출간된 시집에 들어 있던 작품들까지 뽑아서 굳이 한 권으로 모아 놓은 이유는 무엇

일까? 그것은 아마도 '사랑'이야말로 '시인 박희진'이 한 순간도 놓은 적 없는 평생 화두였기 때문이리라. 특히 남녀간의 사랑은 인간 존재와 생명을 가능케 하는 근본 원인이자 인간 본능의 원형으로서 그 자체만으로도 충분히 찬미할 만한 아름다움을 지닌다. 미의 사제임을 자부하고 평생 탐미 자세를 잃지 않은 선생이, 비록 자신은 미혼의 독신 생활을 해 오고 있다 할지라도, 사랑의 그 기막힌 아름다움을 놓칠 리 없었다. 때로는 에로틱하기도 때로는 플라토닉하기도 한 사랑의 숨결은 시인의 손끝에서 하얀 달빛에 녹아들기도 하고 샤갈의 꽃다발로 피어나기도 한다. ― '달빛이녹아호수는달빛되다 / 달빛이스며소녀가홀로탄나룻배도달빛되다 / 뼈아픈실연의상처를달래면서 / 밤이이슥도록눈감고앉아달빛를숨쉬어서 / 소녀의한숨도내장도달빛되고 / 긴속눈썹도속눈썹끝에맺힌이슬도달빛되고 / 기슭의무수한낱낱의모래까지 / 갈잎도갈잎속벌레의울음까지 / 일체가달빛이라보여도안보이는것이나같네 / 들려도안들리는것이나같네 / 달빛이소녀인지소녀가달빛인지 / 소리가고요인지고요가소리인지'〈'달빛이녹아호수는달빛되다' 전문〉. ― '샤갈의 보랏빛 연인들이 포옹하자 / 키는 순식간에 자라고 자라나서 / 짙은 군청색 하늘에 닿았네 / 그러자 지붕들과 교회의 첨탑 위로 / 이름도 모를 희고 붉은 빛의 / 거대한 꽃다발이 하늘에 솟아 / 마을을 덮었네 향기로 채웠네 / 고요와 평화와 안식에 잠긴 그 곳 / 길가에 잠자던 나귀는 놀라운 듯 / 큰 눈을 뜨고 두 귀를 세웠건만

/ 저절로 지붕 위의 바이올린은 울렸건만 / 아무도 몰랐다네 그 때 하늘에는 / 꽃다발 곁의 연인들을 축복하는 / 흰 천사가 날고 있었음을'〈'연인들과 꽃다발' 전문〉.

4-2. 남녀간의 사랑은 황홀하면서도 때로 우수 어린 고독감을 동반한다. 사랑이란 것이 영원히 미완성일 수밖에 없다는 안타까운 속성을 지니고 있기 때문일까? 샤갈의 연인들이 푹 파묻힌 열락이나 '나를 바라보는 그대의 눈빛 속엔 / 풍요한 사랑의 바다가 있나니, / 그 안에 이몸을 담그지 않고서는 / 내 영혼은 씻길 수 없어라.'〈'나를 바라보는 그대의 눈빛 속엔' 중에서〉하는 황홀한 고백의 이면에는 '유심히 나를 / 바라보던 네 눈에 / 우울한 시름이 고이었는데 // 이윽고 나에게 가까이 와서는 / 나직한 소리로 이르는 말이 / 내 눈에 오히려 말할 수 없는 / 깊은 수심이 어리었다고'〈'유심히 나를' 전문〉라 읊을 수밖에 없는 청춘의 우수도 있다. 물론 이러한 우수나 고독감은 부정적 정서가 아니다. 사랑하는 청춘 남녀는 우수나 고독감도 아름답다. 눈물도 아름답다. 하지만 우리의 청춘이 영원히 가지는 않는 법. 세월이 흐르면서 사랑은 다른 모습을 띠게 되고, 한 차원 성숙하며 아름다워진다. — '혼자 사는 여자가 / 혼자 사는 남자에게 / 술잔을 보냈다 / 순박한 백자의 // 남자가 손을 씻고 / 정좌하여 / 그 부드러운 살결을 만지니 // 빈 잔 가득히 / 어렸던 공기 / 저절로 녹아 / 투명한 미주(美酒) 되다 // 남자는 그때사 / 깨닫고 끄덕인다 / 여자는 결코 빈 술잔을 / 보낸 게 아니란 걸'

〈'빈 술잔의 노래' 전문〉. 이쯤 되면 사랑도 불립문자(不立文字)·심심상인(心心相印)의 선문답 수준에서 이야기될 만한 대상이라 할 수 있지 않겠는가? 선생에게서는 사랑도 '도(道)'로 통한다. — '나의 애인은 말이 없습니다. / 나의 애인은 공기의 혀와 안개의 살을 가지고 있습니다. / 나의 애인은 이몸이 아파야 홀연 바람처럼 나타납니다. / 나의 애인의 별빛 눈동자를 본 이는 세상에 나밖에 없습니다. / 나의 애인은 껴안을수록 아주 속절없이 사라져 버립니다. / 나의 애인이 가장 아름답게 빛나는 때는 내가 홀로 이만치 서서 바라볼 때입니다. / 나의 애인의 목소리를 꼭 한 번 들은 적이 있습니다. 그것은 이끼 낀 돌 틈을 흐르는 물소리 같았어요. / 나의 애인은 때로 한낱 미미한 향기에 지나지 않습니다.' 〈'나의 애인' 전문〉.

  5-1. 1980년 사월 초파일 부처님 오신 날에 선생은 '테러'를 당한다. 5월 21일자 '중앙일보'에 발표된 부처님 오신 날 기념시 '산화가(散花歌)'가 신군부의 검열에 무참히 난도질당한 것이다. 중앙정보부에서 파견된 것으로 짐작되는 이른바 '기관원'들이 편집 기자를 위협해 다섯 어절의 시구와 구두점 하나를 삭제하고 한 낱말을 변형시켰다. 불구가 되어 버린 '산화가' 1연을 원작과 비교해 보면 이렇다.

[중앙일보에 실린 모습]	[원작 모습]
진달래를 뿌립니다.	진달래를 뿌립니다.
양심꽃을 뿌립니다.	양심꽃을 뿌립니다.
사람들	평지에 풍파를 일으키는 사람들,
성을 쌓고	허깨비의 성을 쌓고
황금 송아지의 우상을 떠받드는	황금 송아지의 우상을 떠받드는
사람들의 눈에서 티를	눈먼 무리들의 눈에서 티를
가시게 하옵소서.	가시게 하옵소서.

※ 〈산화가〉는 1993년에 출간된 불교시 모음 시집 '연꽃 속의 부처님'에 수록되어 있음.

　　부당하게 권력을 차지한 자들은 시인을 두려워한다. 그리고 시인의 '말'을 두려워한다. 시인이야말로 가장 확실한 시대의 증언자요 가장 민감한 역사의 예언자인 까닭이다. 전년 12월 12일의 군사 반란으로 사실상 국가 지배권을 장악한 상태에서 합법을 가장하기 위한 공식적 정권 인수 형식을 모색해 오던 당시 군부 세력이 일간지에 발표되는 시 한 편을 저토록 말도 안 되게 망가뜨려 놓았다는 것이 엄연한 사실일진대, 상황이 얼마나 다급했으면 그런 짓까지 저질렀을까 하고 그 어리석은 야만성에 턱없는 연민을 가져 보기도 하는데, 문맥도 통하지 않는 시를 버젓이 자기 이름을 달고 만천하에 발표한 꼴이 되는 시인의 분노와 모멸감은 오죽하였을까? 선생은 자신의 작품이 활자화되는 과정에 쉼표 하나만 바뀌어도 온 몸의 피가 거꾸로 흐르는 듯하다고 고백하는, 동시대 시인 중 가장 엄정한 언어의 장인(匠人)이다. 그런 선생이니 신군부의 문화 테러는 오래도록 가슴속에 상처로 남았을 것이다.

25년 전의 에피소드에서 읽을 수 있듯 선생은 세상에 알려져 있는 것과는 달리 광복 이후 오늘날까지 격동의 한국 현대사 속에서 늘 시대에 긴밀히 반응하였다. 머리에 띠를 두르고 주먹질을 해야만 현실에 참여하는 것이요 오로지 정치적 저항성을 지닌 시만을 들고 나와 분노에 찬 목소리로 부르짖어야 어두운 시대를 사는 시인의 떳떳한 자세라고 믿는 반지성적 문화 풍토에서 민중문학론자들 또는 그들 언저리에서 눈도장이라도 받기 위해 알랑대던 기회주의자들은 자신들의 맹목(盲目)을 깨닫지 못한 채 잘못 측량하거나 부분적으로 이해한 선생의 예술 세계를 선생의 본질 전체로 알아 뚜렷한 일관성으로 대사회적 메시지를 꾸준히 던져 온 선생의 또 다른 면모를 놓치고 말았지만, 놀랍게도 '시인 박희진'의 본질 한 구석에는 시대와 역사를 향한 증언자·비판자·예언자의 의지와 에너지가 강렬한 형태로 자리잡고 있었다. 다만 선생의 예술 세계가 워낙 넓고 깊은 까닭에 그것이 겉으로 잘 드러나지 않았을 뿐이다. 마치 넓은 바다에서는 거대한 소용돌이도 두드러지지 않듯이. 작은 소용돌이 하나로 가득 찰 정도의 볼품없는 연못에 익숙해 있던 사람들은 대양과 그 안의 소용돌이를 제대로 보지 못하는 법이다. 선생의 정신 세계를 어느 정도 안다고 자부하던 지근거리의 인사들 중에서도 선생의 그러한 면모를 제대로 인식한 이는 그리 많지 않다. ― 시인아, 너는 선지자 되라! 이것은 어느 이름난 '민중시인'의 외침이 아니다. 이른바 '순수시인' 박희진 선생의 목소리다.

5-2. 시집 '시인아 너는 선지자 되라'는 1960년 4·19 혁명 직후부터 1985년까지 '시사적 요청에 따라 쓴' 시들을 묶은 책이다. 말하자면 '행사시' 모음이라 할 수 있겠는데, 비록 대부분이 청탁을 받고 쓴 것이기는 하나 격동의 현대사 25년 동안 시인이 세상을 어떻게 보고 세상을 향하여 어떠한 메시지를 던져 왔는가를 한눈에 보여준다.

선생의 역사관은 '자유'와 '인간'과 '긍정적 미래에 대한 신념'이라는 일관성으로 꿰뚫린다. 식민지 시대, 해방 공간의 혼란기, 그리고 6·25동란기를 다룬 장시 '혼돈과 창조'〈'박희진 전집' 제1권 『초기시집』에 수록〉에서부터 이미 명료하게 드러나는 '자유'와 '인간'과 '신념'의 역사관은 이후 현실을 평가하고 역사의 올바른 흐름을 제시하는 선생의 일관된 판단 준거가 된다. ― '…(전략)… / 반공만 내세우면 정치는 너희들 / 주머니칼이나 되는 줄 알았더냐. / 이제야 알았으리 민심은 천심인 걸, / 그리고 어린이는 바로 어른의 아버지라는 것을. / 실로 무서운 건 총탄이 아니라 / 불의에 항거하는 민중의 육탄! / 쌓이고 쌓인 울분과 갈구가 십년 묵은 / 체증이 뚫리듯이 이렇게 터진 거다. / 이제 우리 앞엔 확 트인 자유의 / 대로가 열렸구나. 피로써

찾은 우리의 주권! / 그것을 다시 더럽혀서 되겠는가. / 어떻게 세운 우리의 나라라고! / …(후략)…'〈'썩은 탐관오리들에게-4·19 학생 혁명을 겪고 —'(1960년 5월 7일, 동아일보) 중에서〉. — '…(전략)… / 조국 분단은 / 겨레의 시련이자 / 세계의 치욕, / 그 치욕을 / 영광으로 바꾸어라. / 둘을 하나로, / 증오를 사랑으로. / 이제 머지않아 / 세계의 구석구석 / 빛은 우리 한반도에서 / 퍼져 나가리니'〈'아아 6·25'(1979년 8월, 월간중앙) 중에서〉.

 5-3. 혹자는 1961년 12월에 발표된 '송년감상 초'를 거두절미하여 그 중의 한 부분 '염주 세 알에 / 5·16이 떠오른다. / 이것은 조직이다. 구악을 일소하고, / 새로이 이 땅에 기적의 꿈을 엮는, / 이것은 어쩌면 마지막 기회다, / 이미 배수의 진을 쳤거니.'를 인용하며 선생을 군사 쿠데타를 미화한, 역사 의식이 결여된 시인으로 매도하기도 하였는데, 이는 앞뒤 문맥을 무시한 자의적 해석에 불과하다. 바로 앞에 나오는 구절을 보라. '염주 한 알에 / 4·19가 떠오른다. / 혁명의 도화선, / 막 인양된 뱃머리에 늘어진 김주열이 아니라, / 바다에 표류하던, 눈알에 박힌 최루탄조차 / 그 임자의 이름을 모르던, / 그저 조국의 품을 못 잊어 / 뜰 수도 잠길 수도 없었던 때의 / 무명의 소년이. // …(중략)… // 빈털터리로 돌아온 4·19 — / 그러나 맨 밑바닥에는 / 끊이지 않는 역사의 핏줄이 숨쉬고 있었다.' 이것이 역사 의식 결여인가? 이 시가 4·19 혁명의 주역 고려 대학교

학생들이 만드는 '고대신문'(1961년 12월 23일자)에 대문짝만 하게 발표되었다는 사실만으로도 위의 매도가 얼마나 터무니없는 비방인지 짐작할 만하다. 당시 30세의 젊은 시인은 현대 한국의 희망이었던 4·19 정신이 온갖 정상배·협잡꾼들 손에 걸레처럼 훼손된 끝에 마침내는 군사 쿠데타까지 맞아 완전히 말살되고 만 상황에 심한 절망감을 느꼈던 것이며, 쿠데타가 기정사실이 된 마당에, '구악을 일소하겠다'고 나선 그 주체 세력을 향하여 최소한 그것만은 이루어야 더 이상의 사회적 추락을 면할 수 있을 거라는 경고를 보냈던 것이다. 선생은 이후에도 5·16을 미화한 적이 없을 뿐만 아니라, 4·19 정신의 상실을 슬퍼하면서 민주주의와 인간의 자유를 억압하는 독재 정권에 대해 한결같은 비판의 자세를 견지하였다. 이는 박정희 정권 등장 이후 가장 강력한 반독재 투쟁을 벌여 온 함석헌 선생을 찬미하는 다음의 시와 4·19 혁명 10주년 기념시가 증명해 준다. ― '…(전략)… / 한강변의 기적을 누가 바라지 않으리오 / 쌓이고 쌓인 구악을 일소하고 / 이 땅에 새로운 살길을 열겠다는 / 그 뜻을 누가 받들지 않으리오 / 그러나 지나치게 너무도 많은 것을 율하려 하였다 / 너무도 성급하게 군대식으로 / 어떻게 인간이 / 하루아침에 개조가 되나 / 민주 사회란 / 늘 열려 있어야 한다 / 백성의 가슴이 / 멍들기 전에 / 말이나 하게 하라 / 아 자유롭게 말이나 듣게 하라 / 백주 대로에 터뜨리게 하라 // …(중략)… // 이제 와 생각하면 / 더욱 아득하고 기막히기만 한 / 저

4 · 19 / 이 메마르고 고달픈 백성 / 어디에 그런 기운이 있었을까 / 천만의 말씀이지 / 유구 오천 년의 체증을 꿰뚫은 / 4 · 19 번개 / 민족의 저력 / 허나 이내 화석의 미래에 감금된 / 우리의 육성이여 / 민주주의 사수하자 / 그 소리 다시 찾기 전엔 / 우린 너덜너덜한 꼭두각시일 뿐 // …(후략)…' 〈'목소리 — 함석헌 옹에게 —'(1963년 8월 17일) 중에서〉. — '4 · 19야 4 · 19야/ 10년이 흘렀기에 강산이 변했는가 / 강산이 변했기에 10년이 흘렀는가// 그 날 발악하는 독재의 아성 앞에 / 비 오듯 퍼붓는 흉탄을 가슴으로 / 거뜬히 받아내던 기적의 젊은이들 / 눈부신 젊음들이 오늘은 시들었네 // 최루탄이 박히어도 슬기의 눈은 / 부패의 구석구석 현실을 투시했고 / 살점이 달아나고 목청이 찢기어도 / 정의를 부르짖는 고발의 핏줄기는 / 아아 천지를 물들였건만… // 단군 이래 3 · 1 운동 때 말고는 / 가장 치열하고 순수했던 젊음의 폭발 / 혁명이란 이러한 것이라고 / 참 민주주의는 이제부터일 거라고 / 우리는 울었건만 너무 신명나서 / 울다가 웃었건만 부질없구나 / 눈물은 증발했고 웃음은 사라졌다 // 4 · 19야 4 · 19야 / 오늘 10년 만에 불러보는 너의 이름 / 하지만 이렇듯 대답이 없음이여'〈'4 · 19야 4 · 19야(1970년 4월 19일, 한국일보) 전문〉.

  5-4. 시인은 말한다. — 나는 언제나 정직하게, 바르게 역사와 현실에 반응해 왔노라고. 그리고 자유로워지기 위해 시를 쓰는 '시인'이라고.

〈정국이 어지럽고 사회가 불안할 때, 괴롭지 않고 답답하지 아니한 사람이 있으랴만, 그 중에서도 제일 민감한 반응을 보일 수밖에 없는 자가 시인인 것이다. 왜냐면 시인이란 겨레의 살려는 의지 중에서도 가장 순수하고 유연하고 열렬하고 민감한 핵심을 차지한 자라 할 수 있기 때문이다. 달리 말하자면, 한 겨레의 얼을 수호하는 사람이 바로 시인인 까닭이다. 언젠가 내한했던 '25시'의 작가 게오르규도 '시인은 사회의 산소 바로미터다. 시인이 괴로워하는 사회는 병들어 있다고 보아야 한다' 대충 이런 뜻의 말을 한 바 있다. 그러기에 사회가 병들어 있을 때, 시인이 평소보다 드높은 가락으로, 대사회적인 저항과 고발과 비판을 담은, 또는 우려와 경고를 표명하는 시를 쓴다는 건 너무도 당연한 일이다.

그러나 오로지 고발과 비판만이 시인의 능사일 수는 없다. 경우에 따라서는 민족혼의 고무자로, 시달린 동포에게 용기와 희망과 자신을 안겨주기도 하는 것이 참된 시인 정신일 것이다. 시인에게는 불확실한 현실을 투시하는, 그리하여 먼 미래를 내다보는 거시적 안목과 지혜와 상상력이 주어져 있으므로, 그런 예언자적 기능도 때로는 발휘해야 마땅하고 또한 바람직한 일이라 할 것이다.

정치시인이라고 해서 언제나 첨예한 정치적 관심에만 시종할 게 아니듯이, 순수시인이라고 해서 언제나 순수시만 쓰라는 법은 없다. 생각건대 시인 정신이란 물 같은 것이다. 또는 수은주와 같은 것이라 할 수도 있겠다. 자유로워지기 위해 시인은 시를 쓴다. 자기의 왕성한 생명력의 발동대로 정직하고 치열하게 정신의 자유를 추구하면 그만이다. 정치적 관심이 우선일 때는 정치시를 쓰면 되고, 연애 감정에 골몰해 있을 적엔 연애시를 쓰면 되고, 종교 문제가 그 중 절박한 중대사일 적에는 종교시를 쓰면 된다. 무엇을 어떻게 쓰든지 그것은 철두철미 그 시인의 자유가 아니랴. 시인은 얼마든지 그것이 진실의 발로인 한 자기를 다양하게 표현할 수 있다는 이야기인 것이다.〉〈시집 '시인아 너는 선지자 되라' 서문 중에서〉.

왕성한 생명력의 발동대로 정직하고 치열하게 정신의 자유를 추구해 온 '자유인 박희진, 시인 박희진'은, 역사 문제가 그중 절박한 중대사일 적에, 역사를 시로 읊었다. 위에서 본 4·19시, 6·25시가 그러하고 아래 시가 그러하다. — '…(전략)… // 한때 니희들이 한국 사람을 / 일본 성명으로 불렀다 해서 / 지금도 일본 사람이라 우긴다면, // 지나가는 개도 웃지 않겠는가. / 독도를 제아무리 〈다께시마〉라고 / 불러 보았댔자 독도는 독도다. // 한국의 영토다. 대한민국 경상북도 / 울릉군에 속해 있다. / 이 우주 시대에 눈 가리고 아웅하는 // 그따위 왜소한 왜(倭)의 짓은 그만 해라. / 일본으로서의 긍지를 가져라. / 그리고 뼈저리게 뉘우쳐 볼 일이다. // 한국에 저질렀던 끔찍한 죄악, / 세상의 어느 나라 식민지 역사상에 / 일제의 그것 같은 만행이 있었는가? // 한국인의 얼마저 뺏으려고 / 한국어 말살에서 한국인의 성명까지 / 왜성(倭姓)·왜명(倭名)으로 갈게 하였으니. // 불의의 총칼은 끝내 그 총칼로 하여 / 망하고 만다는 걸 / 깨닫는 일이 그렇게도 힘겨운가. // 우선 물어보라, 물어보라, 물어보라. / 온갖 역사적 문헌에, 기록에, / 지도에 물어보라. // 그러면 그것들은 일제히 응답하리, / 너희 나라의 기록도 포함해서. /〈독도는 옛날부터 한국 땅이니라.〉// 만약 그러고도 기별이 안 가거든 / 단도직입으로 양심에 물어보라. / 피에 물어보라. 얼에 물어보라. // 일본의 얼이나 한국의 얼이나 / 얼은 참으로 공평무사한 것, / 얼은 서로 존중하며 거짓말은 안 하는 것. // 일본의 얼이 빠지지 않았다면 / 앞으로는 그런 잠꼬대 같은 / 망언은 하지 말라. // …(후략)…〈'독도에 대하여 — 일본의 양심에게 —'(1984년 가을, 시와 의식) 중에서〉. 발표한 지 20년도 더 지난 옛 시가 오늘 우리의 심금을 울리는 까닭은 무엇일까? 그것은 거짓을 말할 줄 모르는 시인으로서 선생이 지닌 무비(無比)의 통찰력을 바탕으로 역사의 진실을 정확히 파악하고 그것을 진솔하게 읊었기 때문이리다. 선생은 다른 자리에서 우리 역사의 필연을 다음과 같이 노래한 바 있는데, 그 역시 남다른 통찰력으로 파악한 역사의 진실일진대 우리는 선생이 제시하는 필연을 믿지 않을 수 없다. 이 필연을 노래하는 선생의 이념이야말로 시집 '시인아 너는 선지자 되라'의 절정이다.

― '서울의 해와 평양의 해는 / 다른 것이 아니듯이 / 남북의 겨레는 둘이 아니다. / 백두산 천지 물과 한라산 백록담 물은 / 다른 것이 아니듯이 / 남북의 겨레의 가슴속 피는 동일한 피다. / 인천 어린이의 눈동자 빛과 / 원산 어린이의 눈동자 빛은 / 다른 것이 아니듯이 / 남북의 겨레의 마음은 하나다. / 남북의 겨레의 언어는 하나다. // …(중략)… // 동포여, 동포여, / 우리 잠시 일손을 멈추고 / 저 하늘을 우러러 보자. / 거기엔 38선도 휴전선도 없는 것을. // …(중략)… // 분단된 국토는 통일돼야 하고 / 갈라진 겨레는 다시 하나로 뭉쳐야 한다. // 이것은 겨레 지상의 염원이자 / 인류의 양심선언인 것을, / 겨레여, 우리 오천만 동포들은 / 거듭 되새기고 되새기고 되새기자. / 우리 저마다의 간에 되새기자. / 마침내 그것이 성취될 때까지. / 우리에게 진정 나라를 위한 마음, / 진정 자유와 민주를 위한 마음, / 진정 평화와 행복을 위한 마음, / 진정 인류와 세계를 위한 마음이 있을진대.' 〈'남북의 겨레는 둘이 아니다' (1982년 3월 3일, 한국경제신문) 중에서〉.

4

'역사'를 노래한 위의 작품들과 비슷한 시기에 선생은 매우 인상적인 시 한 편을 세상에 내놓았는데, 이 시야말로 『초기』에서 『중기』까지 선생의 예술 세계가 보여 온 거대한 진폭의 비밀을 풀어 주는 가장 훌륭한 열쇠요, 시인으로서 선생이 지닌 기질과 역량을 설명해 주는 최적의 작품이 아닐까 생각된다.

> 나의 아들은 바람의 근원이다.
> 나의 아들은 달빛 위에 올라 결가부좌한다.
> 나의 아들은 축지법을 쓴다. 발자국을 안 남긴다.
> 나의 아들은 유계(幽界)를 넘나들며
>   예사로 노자(老子)의 수염을 만진다.
> 나의 아들의 손바닥엔 은하수가 흐른다.
> 나의 아들은 산상으로 타오르는 불이다.
> 나의 아들의 방뇨는 그대로 폭포가 된다.
> 나의 아들이 통곡하면 하늘이 무너진다.
> 나의 아들은 손가락 끝에서 무지개를 뿜는다.
> 나의 아들 가슴속엔 여의주가 들어 있다.
> 나의 아들의 눈빛은 사람을 살고 싶게 한다.
> 나의 아들의 주식은 이슬과 은행과 호도다.
> 나의 아들은 어린이들을 제일로 좋아한다.
>   지상의 꽃보다도, 하늘의 별보다도.
> 나의 아들이 앉았던 바위에선 불로초가 돋는다.
> 나의 아들은 별들을 꿰어 목걸이를 만든다.
> 나의 아들의 술벗은 이태백(李太白)과 김단원(金檀園)이다.
> 나의 아들은 곧잘 풀잎 속에 들어가 숨는다.

나의 아들의 손길이 닿으면 사나운 말도 유순해진다.

나의 아들의 옷은 천의무봉(天衣無縫)이다.

나의 아들은 장밋빛 발바닥을 가지고 있다.

      바다 위를 걸어도 젖는 법이 없다.

나의 아들이 악기를 타면 호랑이도 눈물을 흘린다.

나의 아들은 신비의 열쇠인 북두칠성으로

      또 하나 다른 우주를 여닫는다.

나의 아들은 용광로 속에서도 태연히 잠을 잔다.

나의 아들의 손톱은 귀갑(龜甲)이다.

나의 아들은 용의 생식기를 가지고 있다.

나의 아들은 지상의 여인과는 동침을 안 한다.

나의 아들의 그림자는 은은한 물빛이다.

나의 아들의 둘레엔 언제나 라일락 꽃내음이 감돌고 있다.

나의 아들은 자면서도 곧잘 미소를 짓는다.

나의 아들은 황금의 목청을 지니고 있다.

나의 아들의 노래를 듣는 이는

      누구나 다 동심으로 돌아간다.

나의 아들은 어떠한 벽도 거뜬히 투과한다.

나의 아들 안에서는 천국과 지옥이 하나로 되어 있다.

나의 아들의 시선은 빛보다도 신속하다.

나의 아들에겐 국경과 인종도 장벽이 못 된다.

나의 아들의 언어는 사랑이다.

나의 아들의 마음은 시공(時空)이 끊어진 자리에 있기에
염증을 모른다.
나의 아들은 구원의 청춘이다. 〈'나의 아들은…' 전문〉.

태초에 말씀이 있었다. 그 말씀은 천지를 창조하고 인간을 창조하였다. 그때 만들어진 인간을 아담이라 하던가. 헤아릴 수 없는 세월이 지나 아담의 후손들 중 말로써 새로운 세계와 새로운 인간을 창조하려는 이들이 나왔다. 그들을 일컬어 시인이라 한다. 시인은 창조주를 닮았다. '나의 아들'은 태초에 하느님이 당신을 모델로 당신의 입김을 불어넣어 아담을 창조하였듯 이 시대에 '시인 박희진'이 자신을 모델로 자신의 입김을 불어넣어 창조한 아들, 곧 그의 아담이다. 세상에는 시인들이 창조한 아담이 무수하다. 그들 가운데는 잘 빠진 놈도 있고 볼품없는 놈도 있다. 선생의 아담은 시인의 아담들 가운데 최고의 걸작품이다. 매력 덩어리이자 우리가 꿈꿀 수 있는 인간의 이상이다. 그 자신을 모델로 한 그의 아들이 그러하니 그 자신은 어떠하겠는가? 시 '나의 아들은…'은 한 시인이 지닐 수 있는 상상력의 극한을 보여준다. 그것은 창조주의 상상력을 무색케 할 정도다. 좀 교만하게(너그러우신 창조주 앞에서야 실은 재롱떨기에 불과하겠지만) 평하자면, 청출어람(靑出於藍)이요 후생가외(後生可畏)다. 창조주 하느님을 '두려워하게' 할 만한 상상력! 이것이 바로 대자유인, '시인 박희진'의 상상력이다.

『초기 시집』에서 『중기 시집』까지 선생이 펼쳐 온 시의 세계는 끊임없이 확장되는 우주, 한 점을 중심으로 영원히 퍼져 나가는 동심원으로서, 케플러의 우주 팽창설이 더없이 잘 들어맞을 유추감이다. 선생의 시 세계로 하여금 이처럼 거대하게 확장될 수 있게끔 하는 힘의 원천은 무엇일까? 그 답은 선생이 상상력의 극한을 달리는 대자유인이라는 사실에서 찾을 수 있다. 공자님이 시경 삼백 편을 평하여 일언이폐지왈(一言以蔽之曰) '사무사(思無邪)'라, 곧 '생각에 조잡함·사특함이 조금도 없다'고 말하였다는데, 공자의 어법을 빌려 선생의 『초기』·『중기』 40여 년을 한마디로 일컫는다면 '자유정신과 사사무애의 상상력'이라 할 수 있다. 선생의 자유정신 안에는 사람과 세상사와 우주의 본질을 통찰하는 혜안이 있고 삼라만상을 한 방울의 만남으로 응축시키는 전체론이 있다. 이러한 정신을 바탕으로 선생은 무한히 상상의 날개를 펼치며 형식의 자유, 소재의 자유, 주제의 자유, 이념의 자유를 한껏 향유하였다. 이는 그 어떤 시인도 부려 보지 못한 상상력이요, 그 어떤 시인도 누려 보지 못한 자유다. — 대자유인의 상상력! 상상의 극한을 달리는 대자유인! 바로 우리가 선생을 경탄의 눈으로 바라보게 되는 이유요, 선생의 시를 읽을 때 사람들이 끝없이 새로운 삶의 에너지로 충전되는 이유다.

2005년 6월 6일

박희진 전집 ② 중기시집

1판 1쇄 찍음 2005년 6월 25일
1판 1쇄 펴냄 2005년 7월 05일

지 은 이 : 박희진
펴 낸 이 : 최두환
펴 낸 곳 : 도서출판 **시와 진실**
출판등록 : 1997. 6. 11 제 2-2389호
주　　소 : 서울시 동작구 상도 1동 557
　　　　　TEL : 02)813-8371
　　　　　FAX : 02)813-8377
E-mail : ambros@hananet.net

정가 : 20,000원
ISBN 89-90890-09-8 04810
ISBN 89-90890-05-5 (세트)